ENNEMIS JURÉS

Les Éditions Transcontinental
1100, boul. René-Lévesque Ouest, 24e étage
Montréal (Québec) H3B 4X9
Téléphone: 514 392-9000 ou 1 800 361-5479
www.livres.transcontinental.ca

Pour connaître nos autres titres, consultez le **www.livres.transcontinental.ca.**
Pour bénéficier de nos tarifs spéciaux s'appliquant aux bibliothèques d'entreprise
ou aux achats en gros, informez-vous au **1 866 800-2500.**

**Catalogage avant publication de Bibliothèque et Archives nationales
du Québec et Bibliothèque et Archives Canada**

Vedette principale au titre:
Ennemis jurés: les grandes rivalités qui ont marqué le monde du hockey
Traduction de: Blood feuds.
En tête du titre: The hockey news.

ISBN 978-2-89472-487-3

1. Hockey - Histoire - 20e siècle. 2. Ligue nationale de hockey - Histoire. 3. Violence dans
les sports. I. Kennedy, Ryan. II. Hockey news (Montréal, Québec).

GV846.5.B5614 2010   796.962'6404   C2010-942363-1

Chargé de projet: Alain Menier
Traduction: François Parenteau, Yves Pratte, Alain Tittley
Révision linguistique: Delphine Naum
Correction d'épreuve: Violaine Ducharme
Mise en pages: Diane Marquette
Direction artistique: Annick Désormeaux
Conception graphique de la couverture: Jamie Hogdson
Impression: Transcontinental Gagné

Imprimé au Canada
© Les Éditions Transcontinental, 2010
Dépôt légal – Bibliothèque et Archives nationales du Québec, 4e trimestre 2010
Bibliothèque et Archives Canada

Tous droits de traduction, de reproduction et d'adaptation réservés.

Nous reconnaissons l'aide financière du gouvernement du Canada par l'entremise du Fonds du
livre du Canada pour nos activités d'édition. Nous remercions également la SODEC de son appui
financier (programmes Aide à l'Édition et Aide à la promotion).

 Les Éditions Transcontinental sont membres de l'Association nationale
des éditeurs de livres.

Imprimé sur Rolland Enviro110, contenant
100% de fibres recyclées postconsommation,
certifié Éco-Logo, Procédé sans chlore, FSC
Recyclé et fabriqué à partir d'énergie biogaz.

The Hockey News

Sous la direction de Ryan Kennedy

ENNEMIS JURÉS

Les Éditions
Transcontinental

Pour Elizabeth S. Kennedy,
née pendant la gestation de ce livre.

Une des premières choses à faire au hockey est de choisir son camp. Qu'il s'agisse de soutenir une équipe ou de tirer au sort qui portera les jambières de gardien pour un match entre amis dans le stationnement, on se distingue par les couleurs que l'on porte. Et il ne faut pas se méprendre sur la passion qui anime les vrais amateurs de hockey : elle prend tour à tour une dimension culturelle, civique et même patriotique.

Pour les Tchécoslovaques, sous le joug soviétique pendant les années 1960 et 1970, la patinoire était le seul endroit où pouvait être vaincue la puissante machine de l'Armée rouge. Pour Calgary, c'est l'endroit où l'on peut remettre à leur place les « snobs » d'Edmonton, la capitale provinciale. À l'inverse, au Québec, c'était le lieu où les gens de la capitale négligée pouvaient prendre la mesure de la puissante métropole et des arrogants Montréalais.

D'un point de vue plus viscéral, le hockey peut être un sport brutal et expéditif ; quand on dit que le sang va couler, souvent, ce n'est pas une métaphore. Le hockey est le seul sport d'équipe où les bagarres à coups de poing sont tolérées et où l'on permet aux joueurs de régler leurs comptes (ou d'en ouvrir des nouveaux !) sur la glace, pendant le jeu. Les non-initiés peuvent croire qu'il s'agit d'un rituel violent. Les fans de l'Avalanche et des Red Wings vous parleront du défoulement ressenti en voyant le joueur ennemi tomber comme une roche après avoir reçu un coup de poing. Le hockey est un sport à part et, pour plusieurs personnes, cette justice du Far West, ce code de conduite unique, est une des raisons principales de l'apprécier.

Dans *Ennemis jurés*, nous avons étudié le concept de rivalité et nous l'avons appliqué à tous les aspects de ce sport. Du passé lointain, où la LNH comptait six équipes, aux querelles internationales, il n'est pas difficile de trouver des différends qui durent depuis des années et, parfois, des décennies. Dans les pages qui suivent, vous trouverez des héros et des vilains de toutes les époques et de tout acabit. Votre travail, en tant que passionné, est de déterminer qui est le héros et qui est le vilain !

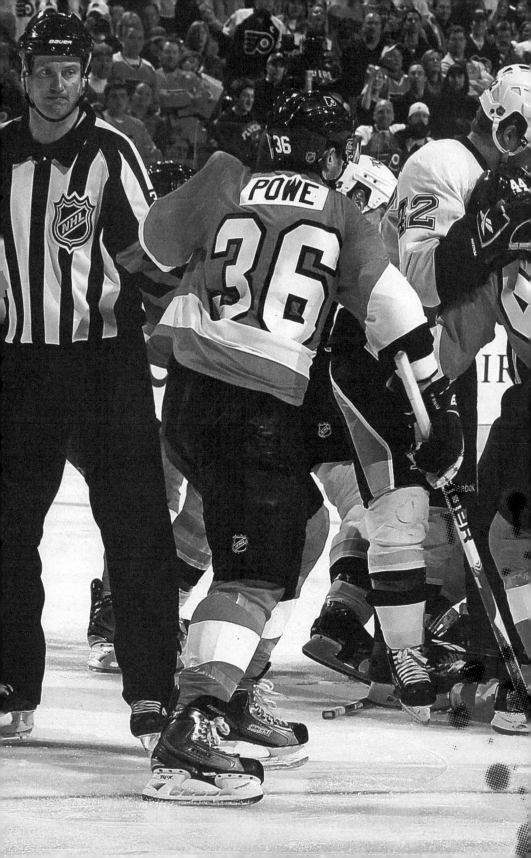

41 GRANDES RIVALITÉS DU HOCKEY

SUR LA PATINOIRE ET AILLEURS

CONTRE PATRICK ROY
LES CANADIENS DE MONTRÉAL

Tous les amateurs montréalais se souviennent de l'incident qui a profondément marqué Patrick Roy et l'organisation des Canadiens. Le 2 décembre 1995, l'équipe se fait démolir par les Red Wings de Detroit ; Roy, qui n'en est pas à sa meilleure sortie, en plus d'être complètement abandonné par sa défensive, accorde sept buts en une période et demie de jeu. La foule commence alors à chahuter le gardien et l'applaudit par dérision après un arrêt de routine. Roy répond en levant les bras au ciel pour saluer son « exploit ». Après deux autres buts des Wings, portant la marque à 9-1, l'entraîneur Mario Tremblay retire enfin son gardien étoile du match… Roy, livide de rage, arrive au banc et, sans même jeter un regard à Tremblay, se tourne vers le président du club, Ronald Corey, installé dans les gradins derrière l'équipe, lui déclarant sèchement qu'il vient de disputer sa dernière rencontre pour les Canadiens. Quelques jours plus tard, Mike Keane et lui prennent la route du Colorado, échangés à l'Avalanche contre Jocelyn Thibault, Andreï Kovalenko et Martin Rucinsky.

Roy et le CH ont depuis fait la paix et le célèbre chandail numéro 33 a été retiré en 2009 lors d'une cérémonie haute en émotion au Centre Bell. Mais les événements ont modifié entre-temps l'échiquier du pouvoir dans la LNH ; Roy a remporté la Coupe Stanley dès son arrivée dans les

> « Tous les joueurs savaient à quel point Roy voulait gagner ce match. Il n'avait jamais dit un mot contre Montréal, mais… » - Mike Ricci

Rocheuses, alors que les Glorieux n'ont pas accédé à la grande finale depuis ce temps. Le gardien a pendant ce temps récolté une quatrième Coupe Stanley, en 2001, et un troisième trophée Conn Smythe (plus que tout autre joueur dans l'histoire de la ligue).

Roy s'est depuis refusé à commenter le triste épisode, mais plusieurs de ses anciens coéquipiers de l'Avalanche se rappellent l'atmosphère explosive qui régnait au Centre Bell lors du premier match de Roy contre son ancien club à Montréal. « La tension était à couper au couteau. Il y avait plusieurs francophones au sein du club et ce fut un match d'une grande intensité ; l'atmosphère était survoltée », se rappelle Warren Rychel.

**Le dernier match de Patrick Roy à Montréal a suscité
une grande controverse.**

Mike Ricci, un ancien des Nordiques qui avait été impliqué dans l'échange controversé qui avait envoyé Eric Lindros à Philadelphie, se souvient de la détermination affichée par Roy ce soir-là : «Tous les joueurs savaient à quel point il voulait gagner ce match. Il n'avait jamais dit un mot contre Montréal, mais nous savions qu'il était profondément ulcéré de la tournure des événements… Roy est allé épingler une poignée de billets sur le babillard, nous a regardés droit dans les yeux et nous a dit : "Les gars, celle-là on la gagne". Nous les avons battus 5-1 ou 5-2. Ce soir-là, nous sommes devenus une équipe. »

Ironie du sort, l'Avalanche n'aurait jamais pu faire l'acquisition de Roy si les Nordiques étaient demeurés à Québec, car la direction des Canadiens ne l'aurait jamais échangé à ses rivaux provinciaux. Comme le dit Ricci : « Nous avons gagné son respect en fournissant un bel effort ; nous nous sommes tous rangés derrière lui et nous aurions fait n'importe quoi pour l'aider à atteindre son objectif. »

En fin de compte, la réaction de Roy, un féroce compétiteur, en dit long sur la confiance illimitée qu'il avait en ses moyens, car il fallait du culot pour exiger un échange, une stratégie qu'on ne saurait recommander à tous les joueurs. Rychel, qui a gardé le contact avec Roy et qui lui parle fréquemment, a résumé ainsi les faits : « Un seul joueur pouvait réussir ce tour de force et c'était lui. Patrick, c'est Patrick et il s'arrange toujours pour négocier selon ses propres termes. »

CAM NEELY
ULF SAMUELSSON

La rivalité des deux joueurs était tellement intense que c'en était parfois inquiétant. « C'était incroyable », raconte Mark Recchi, témoin de plusieurs duels épiques entre son coéquipier des Penguins de Pittsburgh, le défenseur Ulf Samuelsson, et l'ailier droit des Bruins de Boston et membre du Temple de la renommée, Cam Neely. « J'étais heureux d'être un spectateur et de ne pas en faire partie. » La rivalité entre Neely (6 pi 1 po et 218 livres) et Samuelsson (6 pi 1po et 205 livres) a atteint son paroxysme durant la finale de l'Association de l'Est en 1991. Au cours de cette série, Neely a subi des blessures qui l'ont mené à une retraite prématurée. Cependant, l'intensité des séries éliminatoires n'était pas l'unique raison de cette guerre.

Les deux joueurs ne se sont pas lâchés à partir du moment où Cam Neely a été échangé à Boston par les Canucks de Vancouver avant la saison 1986-87. Ulf Samuelsson, originaire de Suède, a commencé sa carrière à Hartford en 1984-85. Lorsque Neely est arrivé dans la division Adams, ce défenseur était déjà adepte du jeu physique (162 minutes de pénalité) et utile en défensive (+28). La table était mise pour huit saisons de duels acharnés entre ces voisins de la Nouvelle-Angleterre.

Plutôt effacé lors de ses trois premières saisons avec les Canucks (avec une moyenne de 17 buts), Neely s'est ensuite développé en attaquant de puissance. Doté d'excellentes mains et d'un tir foudroyant, il se démarquait aussi grâce à ses contacts musclés en échec avant et par son habileté, voire son empressement à jeter les gants. Les Whalers avaient désigné Samuelsson pour le couvrir. Comme peu d'autres joueurs, Samuelsson n'avait aucunement peur de distribuer des mises en échec.

> « Je ne respectais aucunement la façon dont il jouait. » — Cam Neely

Face à face, de derrière, par un double-échec ou des coups de coude, de genou ou de poing : toutes les façons étaient bonnes pour ralentir Neely dans le territoire de Hartford. Ce dernier, joueur vedette et favori des amateurs des Bruins, répliquait sans aucune gêne. « Je comprenais parfaitement le travail que devait effectuer Samuelsson, explique Andy

Le travail d'Ulf Samuelsson : ralentir Cam Neely.

Brickley, qui a rejoint Neely chez les Bruins en 1988-89. Il devait décon-centrer Cam et n'avait aucune limite. Il était prêt à tout et ne se souciait jamais de l'image qu'il projetait ; il s'en foutait. »

Malgré tout, Neely a quand même connu du succès contre les Whalers durant les premières années de la rivalité. Au premier tour des séries de 1990, il a aidé les Bruins à survivre malgré l'absence temporaire de Raymond Bourque. En sept parties, il a marqué quatre buts et a amassé six aides pour un total de 10 points, incluant le but victorieux dans le cinquième match. Il a écopé de 27 minutes de pénalité dans cette série, contre 18 pour Samuelsson. « Cam éprouvait beaucoup de difficulté à ne pas se préoccuper de Samuelsson », se souvient Brickley. Rester concentré dans ce contexte représentait tout un défi. Il a bien réussi du-rant plusieurs parties, mais certains soirs, c'était impossible. »

L'échange de Samuelsson à Pittsburgh à la date limite des transactions en 1991 n'a fait qu'accentuer sa rivalité avec Neely. Les puissants Pen-guins, améliorés grâce à l'acquisition de Samuelsson et du centre Ron

Francis, affrontaient les Bruins, favoris, en finale d'Association. La rivalité Neely-Samuelsson retenait presque autant l'attention que la présence de nombreux joueurs vedettes comme Bourque, Mario Lemieux, Paul Coffey et Jaromir Jagr. Neely a marqué le but vainqueur lors du premier match et a ensuite aidé les Bruins à prendre une avance de 2-0 dans la série. Mais Pittsburgh est revenu de l'arrière pour l'emporter en six rencontres, en route vers la première de deux Coupes Stanley consécutives. L'une des images les plus marquantes de cette série demeure le coup de genou de Samuelsson à l'endroit de Neely au centre de la patinoire. « Dans chaque série, quelque chose retient l'attention et augmente l'intensité. Comme dans ce cas-ci, souligne Samuelsson. Je visais son épaule, mais il a bougé à la dernière fraction de seconde et j'ai frappé son genou. Mon intention n'était pas de le blesser. »

Plus tôt dans sa carrière, Neely avait déjà subi des blessures plus importantes. En tentant d'éviter une mise en échec de Samuelsson dans le coin de la patinoire, il s'était blessé à la cuisse et avait développé une myosite ossifiante. Ses douleurs aux muscles avaient alors commencé à se propager aux os. « Ces deux joueurs jouaient toujours avec la pédale au plancher, explique Recchi. Ils étaient prêts à tout pour gagner un match de hockey. Certains matchs, Cam avait le dessus sur Ulf, tandis que d'autres fois, c'était le contraire. Ni l'un ni l'autre n'abandonnait. C'est pourquoi ces deux équipes étaient si dominantes. Nous étions en finale de conférence parce que des gars comme eux donnaient leur maximum et faisaient tout pour gagner. »

> « Il a bougé à la dernière fraction de seconde et j'ai frappé son genou. Mon intention n'était pas de le blesser. »
> — Ulf Samuelsson

Les affrontements entre Neely et Samuelsson sont devenus rares après 1991. Les blessures à la cuisse et au genou de Neely l'ont limité à seulement 26 parties au cours des saisons 1991-92 et 1992-93. Des douleurs aux hanches l'ont forcé à prendre sa retraite après la saison 1996-97. Neely et Samuelsson n'ont jamais eu une franche discussion. « Nous ne nous sommes jamais parlé », dit Samuelsson. Dans l'une des dernières entrevues qu'il a accordées à propos de cette rivalité, Neely a donné l'impression que les choses ne se seraient peut-être pas déroulées de la même façon si Samuelsson avait été plus enclin à régler ses problèmes avec ses poings. Ils ne se sont battus qu'à deux reprises, en 1990 et en 1993, et dans les deux cas, le joueur des Bruins a écopé d'une pénalité supplémentaire pour avoir été l'instigateur de la bagarre. « Je ne respectais pas la façon dont il jouait, déclare Neely. En jouant de cette manière, tu sais que tu vas t'attirer des problèmes, et tu dois être prêt à jeter les gants à l'occasion pour les régler. »

Chaque duel entre Neely et Samuelsson était l'équivalent, en version un contre un, de l'une des plus vieilles rivalités de la LNH : celle de Montréal contre Boston. « Toute la haine que nous avions pour les Canadiens trouvait une intensité identique entre ces deux joueurs, mentionne Brickley. C'est entre autres ce qui a rendu la rivalité Neely-Samuelsson aussi mémorable. »

LNH
AMH

C'est le 19 novembre 1971, dans les pages de *The Hockey News*, que l'Association mondiale de hockey fut mentionnée pour la première fois dans un article ayant pour titre « Une nouvelle ligue mondiale de hockey comptant 10 équipes verra le jour en octobre 72 ». Cet article occupait le bas d'une page. Dans le haut de la page, un reportage portant sur la LNH, manifestement conçu pour répliquer aux velléités de l'AMH, était publié sous le titre « Long Island et Altlanta augmentent à 16 le nombre d'équipes dans la LNH ». Pas question que l'AMH dame le pion à la LNH dans les manchettes. Dès le premier jour, la rivalité entre les deux circuits ressemblait à une guerre de tranchées.

« La LNH a tenté de nous écraser dès le début, raconte Gary Davidson, cofondateur de l'AMH. Ils nous ont poursuivis devant les tribunaux dans chaque ville où nous avions tous deux une franchise, mais nous avons entamé une contre-poursuite en vertu de la loi antitrust et avons gagné. » Davidson, un avocat de Santa Ana en Californie, avait joué un rôle déterminant en 1967 dans la formation de l'American Basketball Association, une ligue rivale de la NBA. Lorsque le promoteur Dennis Murphy l'approcha, quatre ans plus tard, avec l'idée farfelue de mettre sur pied une nouvelle ligue de hockey, il s'est lancé sans hésiter.

Des légendes comme Gordie Howe (à droite) et Bobby Hull ont apporté de la crédibilité à l'AMH.

« Dennis est venu me voir pour me dire qu'il n'y avait qu'une seule ligue dans le milieu du hockey professionnel et je lui ai répondu qu'on devrait en partir une autre, se souvient Davidson. À cette époque, je n'avais jamais assisté à un match de hockey. Trois Canadiens sont alors venus nous rencontrer [Bill Hunter, Ben Hatskin et John Bassett]. Très rapidement, la LNH a cherché à nous mettre les bâtons dans les roues. » Comme ni Davidson, ni Murphy n'avaient d'expérience dans le milieu du hockey, de nombreux observateurs de la LNH n'y croyaient pas. Mais l'AMH n'a pas hésité à prendre la LNH de front, identifiant New York, Boston, Toronto et Chicago comme faisant partie des 12 premières concessions prévues au lancement de 1972.

Le nouveau circuit a entamé ses activités comme s'il était en parfait contrôle, sans se préoccuper de la LNH. Un repêchage a été tenu en février et deux semaines plus tard, Bernard Parent, qui évoluait devant le filet pour les Maple Leafs de Toronto, a été le premier joueur à annoncer qu'il jouerait dans l'AMH la saison suivante. D'autres ont suivi son exemple et, en peu de temps, plusieurs joueurs établis de la LNH, tels que Bobby Hull, Derek Sanderson, Ted Green et Jean-Claude Tremblay, ont signé des contrats lucratifs dans la nouvelle ligue.

« Plusieurs représentants de la LNH, y compris son président, Clarence Campbell, croyaient que l'AMH fermerait boutique avant même de voir le jour, explique le fondateur des Flyers de Philadelphie, Ed Snider. Personnellement, j'étais assez inquiet, car après avoir observé l'American

Basketball Association, l'American Football League et d'autres circuits rivaux, j'ai constaté que les équipes changent souvent de ville, mais que les circuits réussissent à démarrer. J'ai insisté pour mettre mes joueurs sous contrat pour ne pas perdre d'effectifs au profit de l'AMH. Cela nous a sans doute aidés à remporter la Coupe Stanley en 1974 et 1975. »

La lutte devant les tribunaux ne fit qu'intensifier la rivalité. Mais l'AMH eut gain de cause et la clause de réserve de la LNH fut invalidée. Les équipes de l'AMH offraient de meilleurs contrats et plusieurs joueurs ont fait le saut. Avant la fin de la première saison de l'AMH, Snider et Bill Jennings, le président des Rangers de New York, avaient élaboré une entente avec les représentants de l'AMH en vertu de laquelle la LNH intégrerait 11 des 12 équipes du nouveau circuit en échange de 4 M$ chacune. « Cette histoire n'a jamais été rapportée, a déclaré Snider en 2010. Les médias n'en ont jamais eu vent, même si tout était en place. Nous pouvions installer les 11 nouvelles équipes dans les villes de notre choix, mais Bill Wirtz, le propriétaire des Blackhawks de Chicago, et Clarence Campbell ont fait campagne pour faire avorter le projet et nous punir d'avoir discuté avec les représentants de l'AMH. »

Howard Baldwin, fondateur des Whalers de la Nouvelle-Angleterre, se souvient de cet épisode. « La rivalité se serait arrêtée dès la première saison, a-t-il déclaré. C'est une histoire qui n'a jamais été racontée. Quelques dirigeants de la LNH avaient compris que s'ils pouvaient tuer la menace dans l'oeuf, ils devaient agir. Ed Snider et Bill Jennings sont de ceux qui ont bien compris ce qu'il fallait faire : intégrer 11 équipes et se débarrasser de la concurrence. Mais Campbell n'était pas d'accord. Finalement, nous nous sommes bagarrés pendant quatre ans avant d'examiner à nouveau comment il serait possible de réunir les deux circuits. »

> **Les équipes de l'AMH offraient de meilleurs contrats, et plusieurs joueurs de la LNH ont fait le saut.**

Au cours des années 1970, les franchises de l'AMH changeaient souvent d'adresse. Les équipes, tout comme le circuit dans son ensemble, vivaient des difficultés financières, mais les joueurs de la LNH affluaient quand même. L'AMH offrait aussi une chance aux joueurs des ligues mineures associées à la LNH de faire leurs premiers pas dans un circuit professionnel. « Il y a plusieurs vétérans comme moi qui sont dans l'antichambre de la LNH et veulent saisir cette chance », a déclaré Jack Stanfield, en 1972, alors qu'il évoluait toujours dans un circuit mineur à l'âge de 30 ans. Il s'est joint aux Aeros de Houston en 1972 et est plus tard devenu le vice-président de l'équipe. « La LNH n'aimait pas se faire chiper des joueurs dans ses clubs affiliés. Les propriétaires vivaient ça comme une épine dans le pied. »

Malgré tout, la LNH ne cessait de prendre de l'expansion, accueillant Atlanta et les Islanders de New York en 1972, puis Washington et Kansas City en 1974 pour atteindre un total de 18 équipes. L'AMH s'est toutefois avérée avant-gardiste. Elle a misé sur le talent européen. Les Jets de Winnipeg frappèrent notamment le gros lot avec des joueurs comme Anders Hedberg et Ulf Nilsson.

La période de prolongation provient elle aussi des règles en vigueur dans l'AMH. « Le niveau de jeu était assez relevé, se rappelle l'historien Timothy Gassen, spécialiste de l'AMH. La LNH a perdu tous ses procès contre l'AMH et, dans le cadre d'un jugement, elle a même été condamnée à disputer des matchs pré-saison contre les équipes de l'AMH. Pendant cinq ans, les équipes de la LNH ayant participé aux séries éliminatoires l'année précédente ont dû jouer contre les équipes de l'AMH. Sur 80 matchs disputés, l'AMH a gagné 45 fois. C'est fascinant. »

Non seulement l'AMH a-t-elle recruté des joueurs établis dans les rangs de la LNH, mais, vers la fin des années 1970, elle a commencé à s'intéresser aux joueurs d'avenir n'ayant pas encore été repêchés. « Lorsque les jeunes espoirs ont commencé à lorgner du côté de l'AMH, les choses se sont envenimées, explique Stanfield. Prenez Mark et Marty Howe, Terry Ruskowski, Morris Lukowich et John Tonelli. Ce dernier n'avait que 18 ans lorsque sa carrière a débuté. Et puis, il y a eu Wayne Gretzky. Je pense que c'est le poids combiné de toutes ces défections parmi les jeunes qui a fait bouger les choses. »

Michel Goulet était un des huit « Baby Bulls » de Birmingham en 1978-79. Il évoluait en compagnie de plusieurs autres jeunes : Rick Vaive, Craig Hartsburg, Rob Ramage, Louis Sleigher, Gaston Gingras, Pat Riggin et Keith Crowder. « J'avais marqué 72 buts en 73 matchs à l'âge de 17 ans dans la Ligue de hockey junior majeur du Québec, se rappelle Goulet. M. Gilles Léger (DG à Birmingham) m'a contacté et m'a dit qu'il voulait embaucher de jeunes joueurs. Je lui ai dit que j'étais intéressé. Après tout, je gagnais 16 $ par semaine et je pouvais gagner 50 000 $ dès ma première saison. Pourquoi pas ? Mais, vous savez, ce n'était pas qu'une question d'argent. C'était d'abord et avant tout une occasion de jouer. »

L'AMH réussissait à irriter les propriétaires et directeurs généraux des équipes de la LNH, mais ce furent les comptables qui mirent fin au conflit. Plusieurs franchises de l'AMH connaissaient des difficultés financières et lorsqu'une proposition d'intégration viable a été déposée en 1979, les équipes les plus solides du circuit – les Oilers d'Edmonton, les Jets de Winnipeg, les Whalers de la Nouvelle-Angleterre et les Nordiques de Québec – ont estimé que la meilleure façon de survivre était de grossir les rangs de la LNH. «Les discussions entourant la fusion ont achoppé trois fois, raconte Baldwin, mais la quatrième fois fut la bonne. La LNH est une grande organisation et les équipes qui ont fait le saut ont pris la bonne décision. Ça ne sert à rien de se conter des histoires ; lorsque nous [l'AMH] avons fusionné, nous étions en mauvaise posture, même si les deux ligues souffraient. La LNH avait tout simplement plus de munitions pour aller à la guerre.»

Bill Wirtz, propriétaire des Blackhawks de Chicago, était toujours très négatif lorsque l'idée de fusionner l'AMH venait sur le tapis. Il a réussi à museler Snider en 1971-72 lorsque la chose a été évoquée pour la première fois et il a combattu la proposition de 1979, même après qu'elle soit devenue incontournable. Il considérait que l'AMH avait privé la LNH de 1 milliard de dollars en revenus et qu'il n'était pas question de la récompenser pour ses gestes.

«Ce n'était pas qu'une question d'argent. C'était d'abord et avant tout une occasion de jouer.» - Michel Goulet

Joueurs, entraîneurs, dépisteurs et gérants ont joint les équipes de la LNH et le ressentiment a fini par disparaître. Trente ans plus tard, plusieurs observateurs considèrent que l'AMH a assaini l'environnement du hockey professionnel d'aujourd'hui. «L'AMH a complètement transformé notre manière de faire des affaires, a déclaré Snider. Les joueurs ont réalisé qu'ils pouvaient être mieux payés, explique Stanfield. Les gros bonis et salaires n'ont pas disparu lorsque l'AMH a fermé boutique. Au contraire, les conditions salariales des joueurs de la LNH se sont améliorées immédiatement.»

«Au cours des années 1980, le hockey de la LNH s'est ouvert, conclut Baldwin. Regardez les 20 meilleurs marqueurs lors de la saison qui a suivi la fusion LNH-AMH. Cinq ou six d'entre eux provenaient de l'AMH.»

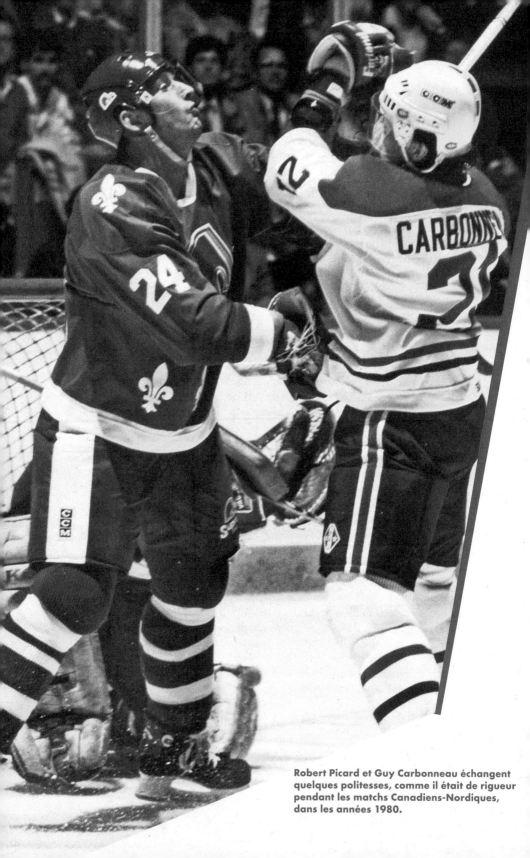

Robert Picard et Guy Carbonneau échangent quelques politesses, comme il était de rigueur pendant les matchs Canadiens-Nordiques, dans les années 1980.

CANADIENS DE MONTRÉAL
NORDIQUES DE QUÉBEC

CONTRE

Les Canadiens de Montréal sont en voie de remporter la « Bataille du Québec », mais le combat fait toujours rage. En attendant le retour hypothétique des Nordiques, le duel pour gagner le cœur des partisans de la province se poursuit désormais sous la forme de matchs de vétérans, qui attirent régulièrement quelque 15 000 fervents amateurs.

En général, les parties entre anciennes gloires de la LNH se résument à des matchs amicaux dans une atmosphère bon enfant, tant pour le plaisir des joueurs que des spectateurs, mais quand les « frères ennemis » se retrouvent sur la glace, les instincts belliqueux sont parfois ravivés. Jacques Demers, qui a dirigé les deux formations au fil de sa longue carrière, se rappelle une occasion où il avait dû parler avec son homologue Michel Bergeron, alors derrière le banc des Bleus, pour calmer le jeu tant la situation dégénérait. « Lors d'une rencontre d'anciens en 2008, j'ai dit à Michel [Bergeron], après la première période, qu'on ne pouvait pas continuer comme ça, que ça commençait à devenir laid… Quinze ans plus tard, les joueurs des deux clans avaient encore les émotions à fleur de peau », explique-t-il.

> « À mon arrivée à Québec, j'étais gonflé à bloc. Je me disais : "Au diable Montréal ! On est les Nordiques et on va vous montrer ce qu'on peut faire." »
> – Jacques Demers

Présent à cette occasion, Michel Goulet, auteur de quatre saisons consécutives de 50 buts et plus pour les Nordiques, avouait d'ailleurs que l'animosité était toujours bien présente et qu'un ou deux bons coups d'épaule avaient suffi à mettre le feu aux poudres. « Après deux ou trois solides mises en échec, Jacques et Michel ont dû nous rappeler à l'ordre en nous disant : "Calmez-vous les gars. Tout le monde travaille demain". » Et si les Canadiens remportent de nos jours la majorité des joutes soi-disant amicales, c'est que les Nordiques sont confrontés à un problème insoluble. « C'est sûr qu'ils gagnent, ils rajeunissent chaque année et nous sommes pris avec les mêmes 20 joueurs depuis 15 ans », lance Goulet en riant.

Dans les années 1980, les matchs disputés entre les deux clubs demeurent parmi les plus intenses de toute l'histoire du hockey. Brian Hayward, ancien cerbère des Glorieux, garde un souvenir vivace de l'atmosphère explosive qui régnait. «C'était du hockey excitant, mais au-delà de la

**La Belle Province ne méritait plus tellement son surnom
à l'époque où les Canadiens et les Nordiques s'affrontaient.**

virtuosité et du talent de Goulet et Stastny, ça se jouait tant sur la robustesse et l'intimidation que sur la finesse et les feintes habiles. Pour chaque passe savante d'un des Stastny ou de Mats Naslund, on pouvait s'attendre à un coup salaud de Chris Chelios ou Dale Hunter. Je n'oublierai jamais cette rivalité, surtout que Gord Donnelly m'a un jour fracturé une vertèbre dorsale en me servant un double échec vicieux derrière le but. Il m'avait pratiquement scié en deux… et ça me fait encore mal. »

Le sempiternel conflit Canadiens-Nordiques se nourrit de vieilles rancœurs encore bien vivantes; la première étant que Montréal est une grande métropole qui a tenu des événements d'envergure internationale, comme l'Expo 67 et les Jeux olympiques de 1976. Et le CH, symbole vivant de la ville, a longtemps représenté le modèle à suivre pour tous les clubs de la LNH. Québec a pour sa part toujours été un peu dans l'ombre de sa « grande sœur » et attire plus rarement l'attention mondiale. En ce sens, l'arrivée des Nordiques lors de la fusion avec l'AMH en 1979 a été un tournant historique et est devenue une source de fierté instantanée pour les citoyens de la capitale provinciale. Jacques Demers se rappelle ce beau moment: « Les partisans des Nordiques rêvaient de voir le club joindre la grande ligue et les plus jeunes se sont immédiatement identifiés à l'équipe dès l'annonce faite. » Et le fait d'être enfin admis au Saint des Saints, dans la toute-puissante LNH, a également donné aux gens associés au club l'occasion de se tailler, à coups de bâton de hockey, leur petite place au soleil, notamment le fier Montréalais d'origine et tout jeune Demers. « À mon arrivée à Québec, j'étais gonflé à bloc. Je me disais : "Au diable Montréal ! On est les Nordiques et on va vous montrer ce qu'on peut faire." » Goulet en rajoute : « C'était le cas typique de la petite ville qui veut sortir de l'ombre de la grande à côté d'elle. »

Demers a dirigé les Nordiques lors de leurs deux dernières saisons dans l'AMH et leur première dans le grand circuit, en 1979-80. Selon lui, Montréal a réservé un bel accueil aux fleurdelisés, ces nouveaux fleurons de la Vieille Capitale... jusqu'en 1982. Les deux équipes ont alors croisé le fer en séries éliminatoires pour la première fois. Largement favori, le Tricolore a baissé pavillon au terme du cinquième et décisif match, alors que Dale Hunter a marqué en prolongation. Goulet se souvient : « La rivalité, c'est dans cette série et surtout dans ce match qu'elle est née. Après cela, Montréal a commencé à nous prendre un peu plus au sérieux. »

> « La rivalité, c'est dans cette série et surtout dans ce match qu'elle est née. Après cela, Montréal a commencé à nous prendre un peu plus au sérieux. »
> – Michel Goulet

C'est d'ailleurs toujours en séries éliminatoires que les grandes rivalités se bâtissent. La haine que se vouent les partisans de deux villes ne fait pas exception ; les deux formations se partagent les honneurs des quatre premiers affrontements d'après-saison disputés entre 1982 et 1987. Il a ensuite fallu attendre jusqu'en 1993, après un long passage à vide ponctué d'une récolte de premiers choix de repêchage judicieux, pour voir les Nordiques renaître et enfin assister à l'affrontement final ; ils remportèrent les deux premiers matchs sur leur patinoire et la panique s'empara des partisans montréalais... « C'était infernal, vraiment infernal. La tension était palpable... je les "entendais" constamment me murmurer à l'oreille : "Vous n'avez pas le droit de perdre cette série" », se rappelle Demers.

Le DG Serge Savard a pour sa part été violemment pris à partie par une personne qui prenait vraiment la rivalité trop à cœur. « À 0-2 dans la série, M. Savard a reçu un appel de menaces et, toujours aussi calme, m'a doucement dit : "Reste près de moi, Jacques, on a un problème". Il ne m'a pas donné de détails, mais j'ai compris. » Finalement, le Tricolore a balayé les quatre parties suivantes en route vers sa 24e Coupe Stanley, largement attribuable aux exploits légendaires de Patrick Roy. Ironie du sort, ce dernier soulevait de nouveau la Coupe trois ans plus tard avec l'Avalanche du Colorado, équipe constituée après le départ des Nordiques de la LNH avec l'essentiel de leurs effectifs.

Et si les Nordiques étaient restés à Québec, les Canadiens auraient-ils accepté d'y envoyer le célèbre gardien ? Les historiens du hockey en débattent encore, mais selon le principal intéressé, Montréal l'aurait expédié n'importe où plutôt que de lui faire prendre l'autoroute 20 en direction de Québec. « Je sais que non, tout simplement, parce que Réjean Houle m'a alors dit qu'il ne m'enverrait pas à un club de sa conférence, a déclaré Patrick Roy. Les seules équipes dont j'ai entendu parler au moment de l'échange étaient Chicago, Toronto et Colorado. »

CONTRE

SPRAGUE CLEGHORN
EDDIE GERARD

Pour ses admirateurs, Eddie Gerard, qui fut capitaine des Sénateurs d'Ottawa lorsque l'équipe a remporté la Coupe Stanley trois fois en quatre saisons entre 1920 et 1923, était un vrai. « Il était l'un des meilleurs joueurs de l'histoire », a déjà déclaré Tommy Gorman, un des anciens gérants de l'équipe d'Ottawa. Pour sa part, Sprague Cleghorn avait moins bonne réputation. « Il était toujours prêt, désireux et enthousiaste à l'idée de brandir les poings ou son bâton de hockey », a affirmé le même Gorman. Ensemble, Cleghorn et Gerard formaient tout un duo ; la première grande paire de défenseurs de l'histoire de la LNH. Cela, malgré le fait qu'ils étaient fort différents et entretenaient rarement une sympathie réciproque.

La rivalité entre Gerard et Cleghorn est née du fait que leur personnalité et leur compréhension du jeu se situaient aux antipodes. « Gerard n'appréciait pas les méthodes désinvoltes de Sprague, a déjà écrit Baz

O'Meara du *Montreal Star*. Intronisé au Temple de la renommée du hockey en 1945, Gerard s'est toujours comporté avec classe et dignité». «Sur la glace en tant que joueur et après qu'il ait pris sa retraite de la compétition, Gerard a toujours été reconnu pour son esprit sportif», a-t-on pu lire dans un article du *Globe and Mail* publié lors de son décès en 1937. Après sa carrière, il a siégé à un comité de la LNH responsable des règlements.

Pour sa part, Cleghorn s'est évertué à outrepasser sans arrêt les règlements de la Ligue. «Sprague voulait mettre tous les joueurs de la Ligue à l'épreuve, a déjà écrit le journaliste Dink Carroll, de *The Gazette*. Il leur assénait un vicieux coup de bâton sur les chevilles dès qu'ils se

Les personnalités de Sprague Cleghorn (sur la photo) et de son coéquipier Eddie Gerard étaient diamétralement opposées.

pointaient dans l'enclave. » D'après certains observateurs, Marie Evelyn Moreton, l'épouse du vicomte Byng de Vimy, était tellement outrée par le jeu de Cleghorn qu'elle a donné le trophée Lady Byng à la Ligue en 1924 pour récompenser l'esprit sportif des joueurs.

> Cleghorn a mis K.-O. trois joueurs des Sénateurs, dont son ancien compagnon de ligne, Eddie Gerard.

Mais ce n'était pas uniquement son comportement sur la patinoire qui gênait son coéquipier Gerard. À l'extérieur de la glace, Cleghorn était tout aussi excessif. Coureur de jupons notoire, Cleghorn a vécu deux divorces. Mis à l'écart du jeu à cause d'une fracture à la jambe en 1918, il a même été arrêté pour avoir agressé sa femme avec une de ses béquilles. Les motifs évoqués par Evelyn Cleghorn pour obtenir le divorce ont été détaillés dans un article du *New York Times* daté du 29 juillet 1921. « Une visite inopinée de Mme Evelyn Cleghorn à Ottawa lui a permis non seulement de localiser son mari disparu, mais aussi de découvrir qu'il vivait avec une autre femme qu'il présentait comme étant son épouse légitime. »

Échangé à Montréal en 1921, Cleghorn a promis que les choses allaient barder lorsque les Canadiens reviendraient jouer à Ottawa, ce qu'ils firent le 1er février 1922. Le robuste défenseur a tenu parole, mettant K.-O. trois joueurs des Sénateurs, dont son ancien compagnon de ligne. « Gerard s'est retrouvé avec une méchante blessure au-dessus de l'oeil et il a dû se rendre à l'hôpital pour des traitements », rapportait le *Globe and Mail*. Ottawa a tenté d'obtenir l'expulsion permanente de Cleghorn de la Ligue, mais cette demande a été refusée.

Gerard est devenu entraîneur après que sa carrière en tant que joueur eut été écourtée par une maladie de la gorge. En 1926, il mena les Maroons de Montréal à une conquête de la Coupe Stanley. Curieusement, Cleghorn a lui aussi été entraîneur des Maroons en 1931-32, mais son contrat n'a pas été renouvelé. D'après Trent Frayne, l'auteur du livre *The Mad Men of Hockey*, la discipline d'équipe était un problème majeur et l'on disait de Cleghorn, lorsque l'équipe prenait le train pour aller jouer à l'extérieur, qu'il faisait entrer des femmes en cachette dans sa cabine pour les avoir dans sa couchette.

D'après O'Meara, les deux hommes se sont rabibochés plus tard dans la vie à l'occasion d'un tournoi de golf amical. « Ne soyons plus stupides, aurait dit Cleghorn à son coéquipier. Tu étais le meilleur joueur de défense avec qui j'ai fait équipe pendant ma carrière. » Après une poignée de main bien sentie, Gerard aurait répondu : « Tu étais plutôt bon toi aussi. »

SAGUENÉENS DE CHICOUTIMI REMPARTS DE QUÉBEC

CONTRE

Richard Martel, l'actuel entraîneur des Saguenéens, roule sa bosse dans la Ligue de hockey junior majeur du Québec depuis vingt ans et commente ainsi la situation : « J'ai été impliqué dans plusieurs grandes rivalités avec cette ligue, mais rien ne se compare à celle entre Chicoutimi et Québec. Les deux villes sont à moins de deux heures l'une de l'autre et la couverture médiatique est énorme. Il y a toujours de l'électricité dans l'air quand ces deux clubs s'affrontent et ces rencontres sont vraiment plus intenses que les autres. Nos partisans veulent nous voir battre les Remparts plus que toute autre équipe. »

Martel refuse de revenir sur les incidents disgracieux qui se sont produits lors du second match de la première ronde des séries, le 22 mars 2008. Alors que les Remparts accusaient un déficit de six buts, les dix joueurs sur la glace ont déclenché une bagarre générale qui a dégénéré en foire quand les gardiens se sont retrouvés au centre de l'action. Jonathan Roy, le gardien des Remparts, s'est rué sur la patinoire pour venir tabasser sauvagement le pacifique Bobby Nadeau, qui n'a jamais esquissé le moindre geste pour se défendre. Au sortir de la patinoire, Roy a répondu aux huées de la foule en y allant de deux doigts d'honneur simultanés. La Ligue imposa un total de 28 matchs de suspension à six joueurs ainsi qu'aux deux entraîneurs, en plus d'infliger une amende de 4000 $ aux organisations. Cette sentence, jugée trop clémente par la plupart des observateurs, fut largement critiquée sur toutes les tribunes.

Martel a fait preuve de réserve dans ses commentaires : « La seule chose qui me revient à l'esprit à propos de cette série est qu'elle a été télédiffusée à travers la province, comme s'il s'était agi de la grande finale. Tout le monde avait les yeux rivés sur les deux équipes et tous les matchs ont été joués devant des salles combles. Ce triste épisode a entraîné de profonds changements dans la Ligue: les règles ont été resserrées et le nombre de bagarres est en baisse. »

> «Nos partisans veulent nous voir battre les Remparts plus que toute autre équipe. » - Richard Martel

Patrick Roy, qui dirigeait les Remparts, écopa d'une suspension de cinq parties pour comportement préjudiciable. Pour son malheur, les caméras de télévision avaient capturé son geste du bras en direction de son fils juste avant que ce dernier ne s'élance vers son homologue, mais le père de Jonathan se défend d'avoir voulu inciter son fils à joindre les hostilités. Patrick Roy, membre émérite du Temple de la renommée de la LNH, s'est toutefois excusé d'avoir perdu le contrôle de ses ouailles et de n'avoir pas pu prévenir la controverse monstre déclenchée par sa progéniture.

La rivalité naturelle entre les deux villes n'avait pourtant nul besoin de ce genre de publicité en raison de l'animosité qui règne depuis des années entre les deux clubs, mais ce match infamant a exalté toutes les passions, laissant derrière lui des images peu glorieuses qui ont fait le tour du pays. La foire d'empoigne fut télédiffusée en boucle sur toutes les chaînes et les internautes ont pris d'assaut le site YouTube pour visionner d'un air incrédule la tournure grotesque des événements.

Patrick Roy, gagnant de quatre Coupes Stanley, a expliqué: «Première-ment, les deux villes sont assez rapprochées et deuxièmement, on s'est souvent affrontés en séries. Tout cela a un effet certain, tout comme l'influence des médias. Quand Chicoutimi est en ville, les billets pour le match s'envolent rapidement et nos joueurs en parlent longtemps d'avance. Quelles que soient nos positions respectives au classement, ces rencontres sont toujours intenses et je pense que notre rivalité est très bonne pour la Ligue. »

Dans la foulée de ce fiasco, Mme Michelle Courchesne, alors ministre de l'Éducation, du Loisir et du Sport du gouvernement provincial, a rencontré le commissaire du circuit junior québécois, M. Gilles Courteau, et a travaillé de concert avec les autorités de la Ligue pour amender les règles et enrayer pour de bon la violence gratuite qui mine le hockey amateur québécois. Les dirigeants savaient que l'épisode avait amplement prouvé la nécessité de revoir les règlements et d'imposer, à l'avenir, des sanctions exemplaires pour effacer cette tache noire au dossier de la LHJMQ, à défaut de quoi le gouvernement se chargerait lui-même de réglementer le circuit junior québécois. En somme, la rivalité entre Québec et Chicoutimi a eu un impact direct sur l'ensemble des 18 équipes du circuit, plus que toutes les autres qui se sont développées au fil des ans, puisqu'elle a profondément alourdi les mesures disciplinaires en cas d'écart.

Le joueur de centre des Remparts Kelsey Tessier a vécu la rivalité de l'intérieur durant trois saisons et demie et, selon lui, tous les matchs entre les deux équipes, même une rencontre pré-saison, sont teintés d'une fébrilité intense et dégagent une atmosphère de séries. « Même si un des clubs est nettement supérieur à l'autre, ça ne change rien. Ce sont toujours des matchs âprement disputés et cela donne un bon spectacle, surtout que beaucoup de partisans suivent leur équipe préférée sur la route pour y assister. À Québec, les 15 000 sièges sont vendus deux semaines à l'avance pour ces matchs, et les Sags débarquent en ville avec leurs cinq autobus de partisans, vêtus de bleu qui contraste dans les estrades avec le rouge éclatant des partisans locaux. Je pense que tous les amateurs de hockey devraient assister à une de ces parties et vivre cette expérience unique. »

> La Ligue imposa un total de 28 matchs de suspension à 6 joueurs ainsi qu'aux 2 entraîneurs.

À la suite de l'affrontement du 22 mars, Québec avait finalement remporté la série en six rencontres, toutes disputées sous haute surveillance. « Après ce match, explique Tessier, des mesures de sécurité exceptionnelles ont été prises. La police nous attendait à notre arrivée à Chicoutimi pour escorter notre autobus jusqu'à l'aréna. Je m'en souviendrai toute ma vie, c'était tellement intense... C'était bizarre parce qu'on tenait notre réchauffement d'avant-match séparément et quand ça a été notre tour, nous n'avions même pas de musique. Quand les Sags sont venus au Colisée, on leur a fait jouer de la musique classique pour les calmer. Finalement, on s'est bien amusés. »

Nicolas Deschamps, un ailier gauche repêché par les Ducks d'Anaheim, a, pour sa part, évolué à Chicoutimi durant deux années et demie : « J'adorais jouer contre les gars de Québec. C'était toujours une guerre tellement on les haïssait. Les gradins sont toujours pleins lors de ces matchs, les amateurs sont déchaînés et il y a toujours du brasse-camarade après le sifflet. C'était différent de toutes nos autres parties en raison de l'animosité constante entre les deux équipes. Le genre de match qu'on encercle sur le calendrier parce qu'on a toujours l'impression de jouer un septième match des séries. »

CONTRE BILL WIRTZ
CHICAGO

Il est difficile de trouver une seule personne qui considère que la décision de Bill Wirtz de ne pas télédiffuser les matchs locaux des Blackhawks de Chicago était une bonne idée, même si la chose a joué en sa faveur au moins une fois.

Le 19 mars 1998, lors d'une cérémonie au United Center, organisée pour souligner le retrait du chandail de Denis Savard, Wirtz, en tant que propriétaire de l'équipe, avait décidé qu'il voulait rendre hommage à son joueur-vedette en prononçant un discours au centre de la patinoire. Dès qu'il posa le pied sur le tapis rouge et s'approcha du podium, la foule se mit à le huer et le niveau sonore n'a cessé de croître jusqu'à ce qu'il quitte la patinoire.

« Les amateurs l'ont chassé avec leurs huées, se souvient le journaliste sportif Matt Carlson. Il n'a pas pu prononcer un seul mot et a dû se retirer dans l'humiliation. » Aucune image de la scène n'est disponible sur You-Tube ou Internet – sans doute à cause de la politique de non-diffusion des matchs locaux pratiquée par Wirtz –, mais il n'en demeure pas moins que cette soirée fut mémorable. « C'était inapproprié, relate Darren Pang, ancien gardien des Hawks devenu commentateur sportif, qui était sur place ce soir-là. Savard était un joueur qui était très proche de Wirtz. Le moment était mal choisi pour le huer. »

Wirtz n'a jamais fait l'unanimité à Chicago. Les amateurs des Hawks détestaient cet homme qu'ils surnommaient «Dollar Bill». Ils lui reprochaient d'être chiche et d'avoir laissé filer Bobby Hull dans les rangs de l'AMH en 1972 (bien que plusieurs croient que c'était son père, Arthur Wirtz, qui tirait les ficelles à l'époque). Ils le tenaient responsable de la disette épique du club relativement à la Coupe Stanley, disette qui durait depuis 46 ans au moment de son décès en 2007. Mais ils le détestaient surtout parce qu'il refusait de diffuser les matchs locaux à la télévision.

> **«Nous n'avons rien inventé. Bill Wirtz était déjà détesté. Il est impossible de ridiculiser une personne que les gens admirent.» - Mark Weinberg**

Inversement, ceux que Wirtz a embauchés le connaissaient sous un autre jour et le considéraient comme un patron loyal qui s'occupait des siens. Il suffit d'interroger les gens qui ont joué pour lui ou qui ont dirigé son équipe pour se rendre compte qu'ils parlent tous de lui avec respect.

Michel Goulet, membre du Temple de la renommée et ailier gauche des Blackhawks de 1990 à 1994, a déjà déclaré: «J'aimais cet homme. Certaines personnes ont parfois une mauvaise réputation, mais ce n'est pas toujours mérité.» Rick Dudley, consultant et assistant DG à Chicago de 2004 à 2009, abonde dans le même sens: «Je trouvais que c'était un type formidable. Il avait un grand coeur et il aurait fait n'importe quoi pour les siens. C'est l'une des personnes les plus loyales que j'ai rencontrées.» Pang, un gardien de but dans l'organisation pendant les années 1980, ajoute: «Il était tellement loyal que vous pouviez gaffer deux ou trois fois et il demeurait toujours à vos côtés pour vous soutenir.»

Pang a toujours été reconnaissant envers Wirtz pour l'aide qu'il lui a apportée lorsque sa carrière de joueur a pris fin subitement, en 1989. Le jeune gardien venait de subir une blessure très grave au genou et il savait que sa réclamation aux assurances allait être difficile à produire. C'est là que Wirtz est intervenu. Il s'est assuré que les documents soient rapidement réunis et a veillé à ce que la sécurité financière à court terme de son joueur soit assurée. Il a également offert à Pang un poste de commentateur sportif à la télé et s'est assuré que son employé, qui avait un fils malade, ne perde aucun des avantages qu'il avait acquis au chapitre de l'assurance collective. «Je me souviens d'un homme qui voulait vraiment m'aider», affirme Pang.

Bill Wirtz, décédé il y a quelques années, a porté le blâme pour les déboires des Hawks pendant son règne de propriétaire.

Mais pour chaque employé qui se souvient avec affection de ce doux dictateur, il y a des milliers de partisans qui n'ont vu en lui qu'un tyran sans scrupule. La frustration, qui s'est accumulée pendant des années, s'est exprimée plus ouvertement à compter de 1991 lorsque Mark Weinberg a commencé à publier le magazine non officiel et satirique intitulé *Blue Line*. Au début, Weinberg voulait travailler avec les Blackhawks, en collaborant au magazine que l'équipe vendait lors des matchs à domicile avec des statistiques et une analyse approfondie des équipes en présence. Après avoir soumis son idée à la direction de l'équipe, Weinberg déclare qu'il a été rapidement éconduit. « Ils m'ont dit d'aller me faire voir », dit-il.

C'est à ce moment-là qu'il a décidé de mettre son projet à exécution en distribuant un feuillet de quatre pages à l'extérieur des portes de l'amphithéâtre des Hawks. Son pamphlet contenait des textes satiriques et des caricatures cinglantes, la plupart dirigés contre Wirtz. L'audace de Weinberg lui a valu d'être arrêté et de passer quelques heures derrière les barreaux. C'est là que les choses se sont vraiment envenimées. « Nous nous sommes rapidement rendu compte que se moquer de Bill Wirtz était un excellent moyen d'obtenir l'appui de partisans, explique Weinberg. Mais nous n'avons rien inventé. Bill Wirtz était déjà détesté. Il est impossible de ridiculiser une personne que les gens admirent. Nous nous faisions l'écho du public, mais nous étions impitoyables. »

Wirtz était à ce point contesté qu'il était devenu de rigueur à Chicago – une ville qui porte rarement dans son cœur les propriétaires d'équipes sportives – de placer le propriétaire des Blackhawks en tête de liste des ennemis publics. En 2002, le réseau ESPN a dit de lui qu'il était le troisième propriétaire le plus radin dans le monde du sport et, deux ans plus tard, il a classé la franchise de Wirtz comme étant la pire du sport professionnel, toutes disciplines confondues. Même après sa mort, Wirtz a été objet de dérision. Lors d'une cérémonie commémorative tenue au United Center à la suite du décès de Wirtz, le DG de l'équipe, Dale Tallon, a livré un hommage qui a été accueilli par des huées et des sifflets de mécontentement. Une vidéo de cet épisode est disponible sur YouTube, sans doute parce que les Hawks avaient décidé de diffuser leurs matchs à domicile à la suite de la mort de Wirtz.

> À la suite du décès de Wirtz, l'hommage de Dale Tallon, DG des Hawks, a été accueilli par des huées.

Pourquoi insistait-il sur cette politique? Curieusement, la loyauté qui rendait l'homme si proche des personnes de son entourage est à l'origine du mépris que le public lui vouait. Dans les années 1950, son père, Arthur, était propriétaire de plusieurs amphithéâtres en Amérique du Nord et il croyait que la télé allait avoir un impact négatif sur l'assistance aux événements. Bill a hérité des croyances de son paternel et leur est resté fidèle, jusqu'à la toute fin. Les gens disaient en rigolant que si jamais Bill Wirtz diffusait un match local, son père allait sortir de la tombe et venir le corriger. « Wirtz croyait que c'est ainsi qu'il respectait le mieux les détenteurs de billets de saison, explique Pang. Il considérait ces derniers comme des "abonnés" et ne comprenait pas pourquoi les gens auraient pu voir gratuitement à la maison le spectacle pour lequel les abonnés avaient payé. »

Et Pang comprend mieux que quiconque pourquoi cette politique a été décriée par le public. Il en a eu la preuve grâce à son propre fils de sept ans qui, déplorant le fait de ne pas pouvoir voir ses héros locaux à la télé, a écrit une lettre au propriétaire. « Je me souviens très bien, raconte Pang. Sa lettre disait: "Mon père jouait pour vous avant et il était gardien de but. Nous adorons le hockey, mais aujourd'hui mon équipe préférée ce sont les Red Wings de Detroit parce que nous ne pouvons pas voir les Hawks à la télé." » Cette lettre est restée sans réponse, d'après Pang.

Sur la glace, les Hawks de Wirtz ont frôlé les grands honneurs à quelques reprises au début des années 1990, participant même à une finale de la Coupe Stanley en 1992. Mais au même moment, l'équipe a connu des ruptures difficiles avec des joueurs tels que Savard, Jeremy Roenick et Ed Belfour. Bien que ces différends aient surtout porté sur l'argent, il serait inexact de dire que Wirtz ne voulait jamais dépenser. Il a déjà déclaré qu'il n'avait jamais retiré un seul dividende des Hawks et que tous les profits étaient réinvestis. Quelques signatures – Doug Gilmour, 18 M$ sur trois ans, et Nikolaï Khabibulin, 27 M$ sur quatre ans – viennent corroborer ses dires. Dudley confirme que l'équipe de direction sous la gouverne du DG Dale Tallon n'a jamais été muselée par le propriétaire.

« Lorsque Dale me parlait d'un joueur ou d'une acquisition, j'allais voir Bill Wirtz et celui-ci ne nous a jamais rien refusé, rappelle Dudley. Ce qui est injuste, terriblement injuste, c'est que tout le monde associe le renouveau des Hawks (vers la fin des années 2000) au départ de Bill et de Bob Pulford. Les choses avaient commencé à changer bien avant, soit le jour où Dale Tallon a été embauché. Bob Pulford était toujours président à ce moment-là et Bill, toujours propriétaire. Ce sont eux qui ont entrepris la transformation de l'équipe. »

Que ce soit juste ou pas, les amateurs n'ont pas pardonné à Wirtz, mais il n'est pas dit que ce dernier en aurait fait tout un plat. « Wirtz disait souvent que sa famille passait en premier, les affaires en second et que tout le reste n'importait pas, rappelle Weinberg. Cela incluait, bien entendu, les amateurs de Chicago. »

CONTRE RANGERS DE NEW YORK
ISLANDERS DE NEW YORK

Tout en adressant nos excuses aux Sabres de Buffalo, on doit affirmer qu'il n'existe qu'une véritable rivalité dans l'État de New York au sein de la LNH : celle qui oppose les Rangers, l'équipe fétiche de « la ville qui ne dort jamais », à la formation banlieusarde et moins flamboyante que sont les Islanders de l'expansion.

La rivalité est née le 6 juin 1972, lorsque Long Island s'est vue décerner la troisième franchise de la LNH dans l'État de New York. Les Islanders ont fait leur entrée dans la Ligue en 1972-73 et Brad Park des Rangers a été témoin de leurs premiers pas. Ce défenseur exceptionnel, aujourd'hui membre du Temple de la renommée du hockey, aurait sans doute remporté trois trophées Norris au cours de son illustre carrière si un certain Bobby Orr n'avait eu l'idée d'en remporter huit d'affilée. Park se souvient que les balbutiements de l'équipe rivale étaient tout sauf controversés ; au cours des deux premières saisons, voyager jusqu'au Nassau Veterans Memorial Coliseum à Uniondale, c'était, pour les Rangers, comme disputer un match à la maison.

« Il s'agissait d'une nouvelle équipe qui envahissait le territoire des Rangers et tentait de s'établir, explique Park. Pendant les premières années, nous allions jouer là-bas et c'était comme jouer à domicile. Les partisans prenaient tous pour les Rangers. »

Les Islanders ont remporté un total global de 31 matchs au cours de leurs deux premières saisons, mais lorsqu'ils ont participé aux séries éliminatoires pour la première fois en 1975, ils se sont rendus jusqu'en

La bataille de New York se ranime chaque fois que les Rangers et les Islanders s'affrontent.

troisième ronde, éliminant au passage les Rangers dans une série haute en émotion. C'est à ce moment-là que la « rivalité de la Grosse Pomme » est née.

« Nous les prenions au sérieux, explique Park au sujet de la saison 1975. Mais manifestement pas assez. Ils nous ont battus dans une série deux de trois et la guerre a été immédiatement déclenchée. »

Denis Potvin, un jeune défenseur qui a depuis été intronisé au Temple de la renommée, a joué un rôle déterminant dans cette victoire, lui qui fut la récompense des Islanders à la suite d'une misérable saison inaugurale de 12 victoires. Grâce à leur premier choix au repêchage en 1973, les Islanders ont mis la main sur ce brillant quart-arrière.

« Les séries éliminatoires de 1975 ont consolidé l'équipe des Islanders et ont permis d'établir une distinction marquée entre Long Island et New York, raconte Potvin. Tout à coup, les amateurs prenaient soit pour les Islanders, soit pour les Rangers. Ces séries ont donné naissance à une grande rivalité. » Et Denis Potvin en a fait les frais plus d'une fois.

« Nous logions en face de l'amphithéâtre, mais la simple idée de traverser la rue pour m'y rendre me terrorisait. »
– Denis Potvin

En 1979, le centre-vedette des Rangers, Ulf Nilsson, s'est fracturé la cheville après avoir encaissé une solide mise en échec de la part de Potvin. Il n'en fallait pas plus pour que les amateurs des Rangers perdent la carte. Depuis ce temps, lors de chaque match joué à domicile par les Rangers, on entend des invectives à l'endroit de Potvin dans les estrades lorsque la chanson *Let's Go Band* se fait entendre, et ce, peu importe l'équipe adverse du moment. Lorsque la direction a décidé un jour de ne pas faire jouer cette chanson fétiche, les amateurs se sont mis à la chanter a capella uniquement pour pouvoir en ponctuer les strophes avec leur célèbre phrase, « Potvin sucks ! » Clairement, ils n'ont jamais pardonné au jeune défenseur.

« Ça fait plus de 30 ans qu'ils entonnent ce chant, explique Potvin, triple lauréat du trophée Norris, mais ils le font aujourd'hui avec le sourire. Lorsque j'agissais en tant que commentateur pour l'équipe des Panthers, les gens se tournaient vers moi et me disaient : "On t'emmerde, Potvin." »

Les taquineries sont moins virulentes aujourd'hui, mais ce ne fut pas toujours le cas. Les New-Yorkais sont reconnus pour la façon dont ils traitent les joueurs des équipes adverses, toutes disciplines sportives confondues, et Potvin a toujours été leur souffre-douleur préféré. Le simple fait de se rendre de l'hôtel au Madison Square Garden était une expérience pénible pour lui.

« Cette patinoire pouvait être très dangereuse, se rappelle Potvin. Nous logions en face de l'amphithéâtre, mais la simple idée de traverser la rue pour m'y rendre me terrorisait. Les amateurs des Rangers me détestaient tellement que j'avais du mal à franchir les 100 mètres qui nous séparaient du Garden. »

« Je quittais l'hôtel à 14 heures l'après-midi pour me rendre à la patinoire. Il n'était pas question de marcher dans la rue vers 17 h ou 17 h 30, car le nombre d'amateurs constituait à lui seul une véritable menace. »

Potvin se souvient d'un incident. Alors que l'autobus de l'équipe tentait de quitter le Garden après un match, les amateurs étaient déchaînés malgré la présence de l'escouade antiémeute et de policiers à cheval. Alors que l'autobus reculait, un amateur a lancé une bouteille de bière sur le véhicule et un joueur des Islanders, Gord Lane, qui était assis à côté de la fenêtre lorsqu'elle a été fracassée, a reçu plusieurs éclats de verre au visage.

« C'était le traitement que nous réservaient les amateurs des Rangers, affirme Potvin. Voilà à quoi ressemblaient nos affrontements. »

Pour Potvin, l'incident le plus grave s'est produit lors d'une interprétation de l'hymne national. Le défenseur des Islanders se tenait à la ligne bleue et ne portait pas son casque alors qu'on tamisait les lumières. Pendant que l'hymne était chanté, Potvin a senti un objet lui frôler la joue et, lorsque les lumières se sont rallumées, il a constaté qu'il s'agissait d'une pile de neuf volts. « Si cet objet m'avait frappé de plein fouet, j'aurais pu être gravement blessé, dit-il. Par la suite, on a évité de fermer les lumières et on ne les ferme toujours pas pendant l'interprétation des hymnes nationaux. »

Lorsqu'on lui a rappelé cette histoire, Park, impassible, a déclaré : « Il est chanceux que ce n'ait pas été une batterie d'automobile... »

La rivalité Rangers-Islanders a atteint son point culminant à la fin des années 1970. Les Islanders formaient une équipe dominante – avec un noyau de joueurs composé de Denis Potvin, Bob Nystrom, Clark Gillies, Bryan Trottier et Mike Bossy –, et ils ont remporté quatre fois la Coupe Stanley consécutivement au début des années 1980. Les Rangers, quant à eux, alternaient entre les bonnes et les moins bonnes saisons, mais en 1979, n'eût été la mise en échec de Nilsson par Potvin, ils auraient bien pu mettre un terme à une disette de 39 ans sans conquête de Coupe.

« Les saisons 1978 et 1979 furent très éprouvantes sur le plan émotif, explique Potvin. La rivalité a atteint son sommet à ce moment-là. »

Celle-ci a peut-être atteint un sommet à la fin des années 1970, mais elle ne s'est pas estompée pour autant ; elle a tout simplement été mise en sourdine au cours des dernières saisons par des résultats décevants de part et d'autre.

> « Ce sont probablement les seules séries pendant lesquelles les amateurs se poignardaient dans les estrades. » – Glenn Healy

Les Rangers n'ont remporté qu'une seule fois la Coupe au cours des 70 dernières années et l'équipe a connu un passage à vide pendant les décennies 1990 et 2000, ratant les séries éliminatoires sept ans de suite. Les Islanders n'ont guère été plus reluisants, ratant les séries treize fois au cours des vingt dernières années. En outre, ils se sont montrés incapables de franchir la première ronde depuis 1993.

Mais la rivalité peut reprendre à tout moment. Il suffit d'une étincelle pour mettre le feu aux poudres.

« Je me souviens d'avoir entendu beaucoup de bruit alors que nous attendions dans le vestiaire, raconte le gardien Glenn Healy au sujet de son premier match contre les Rangers lors de la saison 1989-90. Je ne savais pas d'où venait tout ce vacarme. Un des gars dans la chambre m'a expliqué que c'était la foule qui criait. Après tout, il s'agissait d'un match Islanders-Rangers. Les amateurs étaient dans l'enceinte deux heures avant le match et ils savaient comment générer des décibels. Incroyable ! »

À l'instar de toutes les grandes rivalités, l'intensité des matchs Rangers-Islanders augmente pendant les séries éliminatoires. Le dernier duel a eu lieu en 1990 et, comme il fallait s'y attendre, les amateurs du Madison Square Garden ont fait la pluie et le beau temps.

Pat LaFontaine, une des vedettes des Islanders, a été blessé sérieusement dans le second match de cette série de première ronde, provoquant l'allégresse des amateurs des Rangers. «Ils ne voulaient pas laisser l'ambulance quitter l'immeuble, se souvient Healy, qui a éventuellement pu éprouver cette rivalité d'un autre point de vue en tant que joueur des Rangers. Les partisans tentaient de renverser l'ambulance. Difficile d'être plus intense que ça.»

D'aucuns cherchent à expliquer la virulence de cette rivalité en affirmant que les Islanders ont été perçus comme le petit frère, maltraité par son aîné, qui décide de se venger une fois devenu grand.

«C'est une intense rivalité parce que les Rangers sont l'équipe de New York, mais ce sont les Islanders qui ont établi une dynastie. Ce sont eux qui ont remporté les grands honneurs», explique Healy.

Lorsque les victoires ont commencé à s'accumuler, les amateurs qui n'arrivaient pas à se procurer des billets pour voir les Rangers se sont tournés vers Uniondale uniquement pour se rendre compte que les billets y étaient tout aussi rares à Long Island et que les partisans des Rangers se retrouvaient la plupart du temps en «infériorité numérique» dans les gradins.

Lors de son séjour avec l'équipe, entre 1989 et 1993, Healy se souvient de deux amateurs courageux qui avaient osé porter le chandail de l'équipe locale (Islanders) dans la section bleue du Nassau Coliseum, section généralement réservée aux partisans des Rangers. L'un des gars portait le chandail numéro 19 et l'autre le numéro 40. Lorsqu'ils se tenaient côte à côte, le chiffre ainsi formé rappelait aux amateurs des Rangers qu'ils n'avaient pas gagné la coupe depuis 1940, soit depuis plus de 50 ans. «Je n'ai jamais vu deux gars se faire expulser aussi rapidement d'un amphithéâtre de la LNH», rappelle-t-il en riant.

Stan Fischler, journaliste sportif et ancien employé des Rangers, se souvient que «les amateurs des Islanders aimaient beaucoup insister sur cette date et qu'ils scandaient souvent: "1940! 1940!" Aussitôt que les Rangers débarquaient à Long Island, ils se faisaient servir cette médecine».

Bref, la rivalité n'attend que les conditions gagnantes pour s'embraser de nouveau, que ce soit par une autre confrontation en séries éliminatoires comme en 1990, par une lutte pour le titre de la division Atlantique ou par une victoire de la Coupe Stanley pour l'une ou l'autre des deux équipes. Dans une très large mesure, le retour de cette rivalité a encore plus d'importance pour les Islanders qui ont beaucoup souffert et n'ont pas eu de grandes occasions de se réjouir au cours des dernières années si ce n'est de leurs plus récents choix au repêchage.

« Les Islanders jouent tous leurs matchs de saison régulière contre les Rangers comme si la Coupe Stanley était en jeu, affirme Healy. Ces parties ont plus de signification que les autres matchs du calendrier. Beaucoup plus. »

CONTRE DON CHERRY
LES HOCKEYEURS EUROPÉENS

« Bien qu'il ait essayé de piétiner un adversaire avec son patin et que je l'ai alors traité de fouine, le joueur russe que je préférais était Pavel Bure. Il était tout simplement sensationnel », a déjà déclaré Don Cherry. Il perd parfois tout sens de la mesure quand il parle des hockeyeurs européens, en particulier ceux qu'il apprécie. En fait, Cherry semble toujours teinter ses propos d'une touche de xénophobie quand il vante un joueur européen. À sa décharge, le talentueux Russe ne semblait pas se formaliser des attaques du fervent défenseur des hockeyeurs canadiens anglais. « Bure venait parfois me saluer en studio et je l'aimais vraiment beaucoup. Un petit joueur comme je les adore, qui avait un cran incroyable », se souvient Cherry.

On peut affirmer que ces propos font exception, surtout quand on connait son mépris envers les joueurs européens, un sentiment qu'il a peut-être développé alors qu'il était entraîneur des Rockies du Colorado en 1979-80. Son gardien titulaire était alors Hardy Astrom, que Cherry avait auparavant qualifié de « passoire suédoise ». Même si Astrom avait été l'égal d'un Dominik Hasek, il y a fort à parier que les sentiments de Cherry envers les hockeyeurs outre-Atlantique eussent été les mêmes. Sa vision du jeu est foncièrement teintée de patriotisme — canadien-anglais, bien sûr —, et le plus célèbre commentateur du hockey au Canada le répète à qui veut bien l'entendre depuis les 30 dernières années. En somme, Cherry veut bien que les Européens évoluent dans la LNH, mais il pense qu'ils doivent contribuer à l'essor du hockey : « Si un hockeyeur russe est meilleur que les nôtres dans toutes les facettes du jeu, bravo, mais ne me parlez pas de joueurs qui marquent 12 ou 13 buts par année. Les Canadiens peuvent faire cela. »

Même le plus irréductible partisan des joueurs canadiens admettra que les Européens se sont endurcis au fil des ans, mais ont-ils encore l'épiderme sensible relativement aux propos désobligeants de Cherry ou cela les laisse-t-il de marbre ? Bruce Dowbiggin, chroniqueur sportif au quotidien *The Globe and Mail*, a souvent eu maille à partir avec Cherry au cours de sa longue carrière à la radio, à la télévision et dans les journaux. Il reste persuadé que les patineurs européens sont fortement irrités par les propos du commentateur aux costumes flamboyants. Selon lui, le fait que les téléspectateurs se soient entichés des attaques peu nuancées de l'ancien entraîneur l'a amené à se cantonner dans son personnage, voire d'en mettre plus que ce que le client demandait.

« Je suis convaincu que les Européens sont blessés par les commentaires acerbes de Cherry et on le serait à moins, a affirmé Dowbiggin. Pour Don, tout cela n'est qu'un jeu. Il l'a expérimenté une première fois et l'enthousiasme des auditeurs l'a transformé en vedette ; il a donc décidé d'en faire sa marque de commerce. Je ne dis pas que comme entraîneur il n'a pas pu être échaudé par certains joueurs originaires d'Europe, et je pense qu'il croit à ce qu'il dit, au moins, un peu. Mais quand il se retrouve avec une augmentation ou une promotion chaque fois qu'il traite un joueur de "poltron suédois", peut-on vraiment lui reprocher de continuer ? Il s'est fâché contre moi quand j'ai affirmé qu'il s'agissait d'une mascarade, mais je ne change pas d'avis. »

> « Ne me parlez pas de joueurs qui marquent 12 ou 13 buts par année. Les Canadiens peuvent faire cela. » – Don Cherry

Cherry continue pourtant à clamer haut et fort que ses opinions reflètent exactement sa pensée : « Je dis ce que pense et je mentirais si je ne le faisais pas. Je suis Canadien et je crois dur comme fer au talent des hockeyeurs de mon pays. » Outre ses échanges avec Bure, Cherry a

**Don Cherry a toujours eu une dent contre les joueurs
qui n'étaient pas originaires du Canada anglais.**

avoué n'avoir que peu de contacts avec les joueurs, donc peu d'occasions de partager ses opinions avec les Européens : « Ils ne me parlent pas et je discute rarement avec eux. »

Scott Moore, directeur général de CBC Sports depuis 2007, est très au fait des agissements de son commentateur. Il est d'avis que Cherry est honnête, mais que ses opinions sont peut-être moins tranchantes qu'il n'y paraît : « Il a adouci ses positions avec le temps et il lui arrive à l'occasion de complimenter les hockeyeurs européens. Il ne rejette plus d'emblée leur contribution comme il le faisait à l'époque. » Si Cherry s'est quelque peu métamorphosé, ce n'est certes pas à la demande de ses patrons de la CBC. À son arrivée au début des années 1980, Ralph Mellanby, le directeur général de l'époque, a dû batailler ferme pour le maintenir en ondes, car la faiblesse de sa maîtrise de la langue anglaise faisait dire à plusieurs que Cherry aurait avantage à réorienter sa carrière. Trois décennies plus tard, Moore avoue qu'il discute souvent avec Cherry, mais qu'il ne demanderait jamais à celui qui est devenu une icône au Canada anglais de changer sa façon de faire : « Je ne veux pas que Don modifie trop son style alors qu'il arrive à la fin de sa carrière. »

Selon Dowbiggin, la perception des gens envers les bouffonneries et les costumes grotesques de Cherry est désormais divisée : « La jeune génération le perçoit un peu comme le personnage de M. Burns, de la série *The Simpsons* : un personnage haut en couleurs mais dénué de véritable substance. Les téléspectateurs plus âgés, par contre, lui témoignent une affection sincère, car ils apprécient son franc-parler et son opiniâtreté à défendre ses idées. À son arrivée à *Hockey Night in Canada*, il a succédé à Howie Meeker, qui était pointilleux. Les auditeurs ont rapidement adopté le style direct de Don. Il était amusant et on avait l'impression d'écouter un humoriste faire son numéro. Il est devenu immensément populaire, mais il s'est transformé en une véritable caricature de lui-même. Je pense que peu de gens endossent aujourd'hui ses propos. »

> « La jeune génération le perçoit un peu comme le personnage de M. Burns, de la série *The Simpsons* : haut en couleurs mais dénué de véritable substance. »
> – Bruce Dowbiggin

Quoi qu'il en soit, il récolte encore d'excellentes cotes d'écoute et, de l'avis de Moore, c'est tout ce qui importe pour le plus célèbre de tous les commentateurs de hockey au Canada. « Don me fait souvent sourire ou réagir, explique-t-il. Mais il faut admettre qu'il est une grande vedette dans son pays, probablement parce qu'il provoque toujours autant de réactions, bonnes ou mauvaises. »

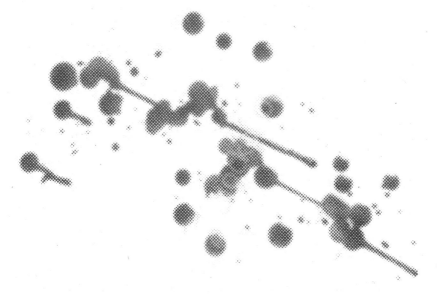

Parmi les plus remarquables «pestes» de l'histoire
de la LNH, Claude Lemieux a été la bougie d'allumage
de la rivalité Colorado-Detroit.

AVALANCHE DU COLORADO
RED WINGS DE DETROIT

CONTRE

Martin Lapointe, des Red Wings, et Éric Messier, de l'Avalanche, dans une des innombrables escarmouches qui ont ponctué les rencontres entre ces deux puissances, au cours des années 1990.

Si on vous demande de nommer la meilleure rivalité dans le sport professionnel de la fin des années 1990 et du début des années 2000, qu'est-ce qui vous vient en tête? Vous pensez sans doute aux duels Red Sox-Yankees, Dodgers-Giants, Celtics-Lakers ou Bears-Packers. Si c'est le cas, vous n'êtes même pas proche. Aucune de ces rivalités n'égale celle entre les Red Wings de Detroit et l'Avalanche du Colorado, entre 1995 et 2002. C'est en particulier le talent incroyable de ces deux équipes qui fait de cette rivalité une pièce d'anthologie.

Voici quelques faits:

— Les Wings et l'Avalanche se sont affrontés en finale de l'Ouest cinq fois en six ans, de 1996 à 2002, et les deux équipes ont remporté un total de cinq Coupes Stanley durant cette période. Chaque saison, au moins une des deux organisations s'est rendue en finale de conférence.

— Dans les deux formations de l'époque, on trouve un total de 21 joueurs qui sont déjà admis au Temple de la renommée du hockey ou sont de très sérieux candidats pour les prochaines années.

— Les vedettes se sont battues, les gardiens se sont battus, les hommes forts se sont battus et les partisans se sont battus. Même les membres des médias en sont presque venus aux coups à plus d'une occasion.

« Plus le temps passe et plus je repense à ces années en me demandant : "Est-ce que ça s'est vraiment produit?" », lance Adam Foote, défenseur de l'Avalanche. Il a été un acteur de cette rivalité, et son corps porte des cicatrices pour le prouver. « C'est très dur à décrire ; les parties étaient plus qu'intenses. Chaque seconde, c'était comme une question de vie ou de mort. Rien n'était plus satisfaisant que battre les Wings, et rien n'était pire que perdre contre eux. »

> « C'est probablement la meilleure rivalité à laquelle j'ai participé. »
> - Scotty Bowman

Un élément rend cette rivalité encore plus formidable : le fait qu'elle aurait facilement pu ne jamais exister. Si le dollar canadien n'avait pas été à ce point faible et si les salaires des joueurs n'avaient pas autant augmenté dans les années 1990, les Nordiques de Québec n'auraient jamais déménagé à Denver. Cette ville avait d'ailleurs déjà accueilli une équipe de la LNH, les Rockies du Colorado. Après quelques années ponctuées d'échecs, l'organisation avait plié bagage en direction du New Jersey en 1982.

Encore plus de *si* : si les Red Wings n'avaient pas humilié Patrick Roy et les Canadiens de Montréal le 2 décembre 1995 à l'ancien Forum, Roy n'aurait jamais demandé à être échangé et ne serait pas devenu un membre de l'Avalanche quatre jours plus tard. Et si le fougueux ailier Claude Lemieux n'avait pas distraitement signé son nom au bas d'un contrat des Devils, envoyé par télécopieur à la fin de la saison régulière 1994-1995, peu avant de remporter le trophée Conn Smythe (contre ces mêmes Wings), lui non plus n'aurait pas abouti au Colorado après avoir exigé une transaction. Si toutes ces conditions n'avaient pas été remplies, deux des joueurs les plus importants de la rivalité Detroit-Colorado n'auraient pas pu y participer.

Autre élément ironique : la première partie de l'Avalanche à Denver, le 6 octobre 1995 contre Detroit, a été plutôt tranquille. Mais à peine sept mois plus tard, le sang giclait sur la patinoire, et la haine entre les deux équipes et les partisans était palpable. « C'est probablement la meilleure rivalité à laquelle j'ai participé », déclare le légendaire entraîneur des Wings, Scotty Bowman. La plupart des gens se souviennent du coup vicieux de Lemieux à l'endroit de Kris Draper de Detroit dans le sixième match de la finale de l'Ouest en 1996. Pour plusieurs personnes, il s'agit de l'élément déclencheur de cette rivalité. Mais dans les faits, elle a plutôt commencé durant la troisième partie de cette même série, au vieux Mc-Nichols Sports Arena de Denver. Dans la zone du Colorado, Slava Kozlov, des Wings, a écrasé la tête de Foote dans la baie vitrée, avec un coup gratuit. Résultat : 18 points de suture au front. Quelques minutes plus tard, Claude Lemieux a vengé son coéquipier en servant la même médecine à Kozlov, geste qui a mérité une suspension d'un match.

À sa sortie du McNichols après ce match, Lemieux marchait avec sa femme et son fils. En passant près de l'autobus des Red Wings, il a entendu un cri de l'intérieur du véhicule : « Hé Lemieux, fils de pute ! J'espère qu'ils te suspendront ! », a tonné Bowman. « Pardon ? », a répondu Lemieux, qui a instantanément reconnu la voix de l'entraîneur de Detroit. Lemieux n'a pas tardé à entrer dans l'autobus pour le confronter. Il a été accueilli par un torrent d'insultes de la part de Bowman et des joueurs des Wings. Ceux-ci savouraient leur victoire de 6 à 4, qui avait réduit l'écart à deux à un dans la série.

> **« Je ne peux pas croire que j'ai serré la main à ce salaud ! »**
> **– Dino Ciccarelli**

De retour au Colorado pour le sixième match avec l'Avalanche, en avance 3 à 2 dans la série, le travail de démolition s'est poursuivi. Lemieux a rapidement plaqué Draper qui a foncé tête première dans la bande. Résultat : de multiples fractures au visage et une mare de sang près du banc de Detroit. Ce coup lui a valu une suspension pour les deux premières parties de la finale contre les Panthers de la Floride. En agissant comme si ce geste était banal et inoffensif, Lemieux a enflammé encore plus les Red Wings et leurs partisans, qui ont aussi eu du mal à digérer la défaite et l'élimination dans cette série. « Je ne peux pas croire que j'ai serré la main à ce salaud ! » a pesté Dino Ciccarelli après la partie, proférant ainsi ce qui allait devenir l'une des plus célèbres citations illustrant la rivalité.

Detroit avait juré de se venger, mais à l'aube d'un duel au Joe Louis Arena le 26 mars 1997, l'Avalanche n'était pas simplement l'équipe championne en titre, elle dominait encore une fois l'association de l'Ouest. Les Wings semblaient âgés et fatigués comparativement au Colorado, qui regorgeait de joueurs vedettes comme Roy, Lemieux, Foote, Peter Forsberg, Joe Sakic, Adam Deadmarsh, Sandis Ozolinsh et Valeri Kamensky. Mais à partir de ce match, et pour les deux années suivantes, c'est Detroit qui a eu le dessus. En première période, un robuste plombier du nom de Darren McCarty a saisi l'occasion de frapper solidement

Lemieux durant un arrêt de jeu. Il l'a foudroyé de plusieurs coups de poing qui ont laissé Lemieux étourdi et ensanglanté, avec comme seule défense ses mains sur la tête. L'arbitre Paul Devorski a plus tard admis qu'il aurait dû expulser McCarty pour son attaque.

Plusieurs incidents violents ont ponctué le reste de la partie. Roy et Mike Vernon ont jeté les gants au centre de la patinoire, une rare bagarre entre gardiens de but. Quand McCarty a marqué le but gagnant en prolongation pour couronner une remontée de 6 à 5, le Joe Louis Arena a explosé. Les Wings ont semblé s'être métamorphosés à la suite de ce match, remportant la Coupe Stanley cette année-là ainsi que la suivante. « Ce match a changé le caractère de notre équipe dans le vestiaire, se rappelle McCarty. Nous avions la réputation, à cette époque, de jouer avec trop de finesse et de ne pas être assez robustes. Nous avons réalisé que nous pouvions jouer comme bon nous semble et quand même gagner des parties. »

En 1999, les Wings semblaient voler vers un troisième couronnement consécutif après avoir pris l'avance 2 à 0 dans la série demi-finale contre l'Avalanche. Les deux premières victoires avaient été acquises à Denver, et, avant la troisième partie, des employés d'entretien de Northwest Airlines (une compagnie de Detroit) avaient accueilli l'avion nolisé des joueurs de l'Avalanche en montrant beaucoup de zèle avec leur balai. L'organisation du Colorado n'a pas ri. Les hommes de Bob Hartley, le nouvel entraîneur, ont tout à coup repris vie en balayant les quatre parties suivantes. L'Avalanche a de nouveau éliminé les Wings en 2000, cette fois en seulement cinq matchs, toujours en demi-finale.

Après la conquête de la Coupe Stanley en 2001, le Colorado a repris le dessus dans cette rivalité. En 2002, un but de Forsberg en prolongation lors du cinquième match de la finale de l'Ouest a donné une avance de 3 à 2 à l'Avalanche contre Detroit. Une victoire de plus et le compte serait porté à quatre séries sur cinq en faveur de l'équipe de Denver. La défaite en 1997 n'aurait été qu'une erreur de parcours. Mais c'était oublier l'essence même de cette rivalité. Chaque fois qu'un adversaire tombait au tapis et que tout semblait terminé, il se relevait plus fort. Les Wings, grâce au brio de Dominik Hasek, ont blanchi l'Avalanche lors des deux dernières parties, concluant la série par un imposant triomphe de 7 à 0.

Depuis, les joueurs des deux équipes ont tempéré leurs propos au sujet de cette rivalité. Pour eux, cela demeure le meilleur hockey qu'ils ont eu l'occasion de jouer. Cependant, l'animosité n'est pas complètement éteinte. « J'ai des crampes d'estomac chaque fois que je vois le logo de Detroit », lance Mike Keane.

ED BELFOUR
MARTY TURCO

CONTRE

Ed Belfour adore les voitures. Vous pouvez parfois l'apercevoir au volant d'une Porsche ou d'une Mercedes. Mais comme bien des férus de mécanique, il ne délaisse pas pour autant ses premières amours : les voitures des marques Plymouth, Dodge et Chrysler. Cela explique bien des choses à propos de Belfour. Il est loyal et exige la loyauté en retour. Ce principe était au cœur de sa rivalité avec Marty Turco au début des années 2000.

Le contrat de Belfour avec les Stars de Dallas s'est terminé à la fin de la saison 2001-02. Il était certain qu'une prolongation de contrat lui serait offerte. Après tout, en cinq ans avec cette concession, il avait remporté la Coupe Stanley en 1999 et avait amené les Stars en finale la saison suivante puis en finale de conférence en 1998. Durant cette courte période, il a établi la majorité des records de l'équipe en saison régulière et en séries éliminatoires. Mais il y avait un petit problème. Au cours des deux dernières saisons, son second, Marty Turco, avait maintenu une moyenne de buts alloués de 2,00. À 27 ans, il était prêt à assumer le rôle de numéro un de l'équipe. Les Stars devaient choisir : Belfour ou Turco ?

> **«Ed est l'un des compétiteurs les plus acharnés que j'ai connus et il n'entendait pas renoncer à son poste.»**
> **- Ken Hitchcock**

«Ed est l'un des compétiteurs les plus acharnés que j'ai connus et il n'entendait pas renoncer à son poste», explique l'ancien entraîneur-chef des Stars, Ken Hitchcock, qui a été congédié alors que la bataille entre les deux gardiens tirait à sa fin. «La situation était très difficile parce que Marty excellait et nous étions en pleine course pour une place en séries éliminatoires.» Turco a conclu cette saison-là avec un pourcentage d'arrêt de ,921, contre ,895 pour Belfour. Le choix des Stars devenait de plus en plus évident. «Je n'étais qu'un jeune joueur qui faisait ce que l'entraîneur me disait de faire. Je voulais aider l'équipe de mon mieux, raconte Turco. Je respectais beaucoup Ed, mais nous n'avons jamais été proches l'un de l'autre.»

C'est avec consternation qu'Ed Belfour a vu Marty Turco prendre sa place à Dallas.

L'ancien capitaine des Stars, Mike Modano, se rappelle que cette période a été très pénible pour les deux gardiens. «Aucun des anciens coéquipiers d'Ed dira un jour du mal de lui après tout ce qu'il a accompli pour nous. Mais ce n'était pas toujours très rose avec lui. Il n'était pas heureux et le faisait savoir aux autres.»

Belfour n'était pas un homme très sage. En 2000, il a été arrêté dans un hôtel à la suite d'une bagarre et a été suspendu par les Stars après une dispute avec Hitchcock en 2001. Quand l'entraîneur le retirait d'un match, il lui arrivait de briser des magnétoscopes ou des téléviseurs. Belfour était un type particulier, et Turco l'avait compris. «Je n'ai jamais tenté de m'imposer avec lui, mentionne Turco. J'effectuais mon travail et je le laissais faire le sien.» Ironiquement, la personnalité de Turco diffère complètement de celle de Belfour. Depuis leur séparation en 2002, Turco a entretenu de belles relations avec ses seconds, de Ron Tugnutt à Mike Smith en passant par Alex Auld en 2009-10. «C'est tellement un bon gars et un bon coéquipier, déclare Auld. Quand j'ai été échangé, l'un des premiers messages que j'ai reçus sur mon cellulaire venait de lui. Il me souhaitait la bienvenue et me disait à quel point il avait hâte de commencer à travailler avec moi.»

Selon Turco, c'est de cette façon qu'une équipe doit fonctionner. «Bien sûr, j'ai beaucoup appris d'Ed Belfour, mais notre perception des choses était très différente, explique-t-il. J'avais le sentiment qu'à son avis, il ne devait se concentrer que sur son jeu. De mon côté, j'estime que l'accomplissement sportif le plus important est de faire partie d'une équipe exceptionnelle. En vieillissant, je comprends mieux pourquoi Ed agissait ainsi. Quand tu es gardien de but, tu dois gagner ton poste et tout faire pour le garder. À ce chapitre, personne n'était meilleur que lui.»

«Bien sûr, j'ai beaucoup appris d'Ed Belfour, mais notre perception des choses était très différente.» - Marty Turco

CONTRE RUSS CONWAY
ALAN EAGLESON

C'est le grand Bobby Orr qui a présenté Alan Eagleson à Russ Conway. Sans se douter qu'il ferait lui-même partie des innocentes victimes des manœuvres douteuses du pire fraudeur de l'histoire du hockey, Orr peut au moins se consoler en se disant que cette rencontre a, en fin de compte, permis de démasquer Eagleson et de le faire traduire en justice.

Fondateur de l'Association des joueurs de la LNH et organisateur principal de la Série du siècle en 1972, Eagleson fut également l'agent de nombreux joueurs, incluant Orr, durant les beaux jours de la Ligue au cours des années 1970. Il régnait en maître sur le hockey. Conway était rédacteur sportif pour l'*Eagle-Tribune*, le modeste quotidien de la ville de Lawrence, au Massachusetts. Assigné à la couverture des Bruins de Boston dans les années 1960, il s'est forgé, à juste titre, une solide réputation d'excellence journalistique. Conway a gardé le contact avec Eagleson par la suite, soulignant que le tsar autoproclamé de la LNH détenait des informations privilégiées sur le tournoi de la Coupe Canada en 1976 et sur la fusion possible du grand circuit et de l'Association mondiale de hockey. « Je pouvais lui téléphoner à la maison ou au bureau en tout temps. Nous avons maintenu des liens étroits durant plusieurs années », se rappelle-t-il.

Conway avait aussi noté le mécontentement grandissant des joueurs envers la direction d'Eagleson. Il a ainsi cultivé ses contacts parmi les hockeyeurs ; en 1989, les plaintes des autres agents de joueurs combinées à des accusations de détournement et de malversations de fonds ont poussé Eagleson à annoncer qu'il quitterait son poste à l'AJLNH en 1992. Dès juin 1991, Conway avait déjà suffisamment de preuves contre Eagleson et une série d'articles publiée dans l'*Eagle-Tribune* exposèrent au grand jour les escroqueries de ce dernier, qui fut plus tard jugé aux États-Unis et reconnu coupable de fraude, de vol, d'obstruction à la justice et de détournement de fonds, écopant d'une peine d'emprisonnement de 18 mois en 1998.

Conway a rencontré Eagleson en juillet 1991 et, après les politesses d'usage, il lui a parlé des articles que le journal s'apprêtait à publier sur les agissements du leader syndical, qui l'abreuva aussitôt de jurons. Conway, désormais semi-retraité, habite Pompano Beach, en Floride, une partie de l'année. « Ce coup de téléphone fut notre dernier échange. Il me souhaita bonne chance, disant que bien d'autres avant moi avaient tenté de le discréditer. On ne s'est pas reparlé depuis ce temps, mais nous nous sommes croisés du regard au tribunal. »

Ce n'est pas faute d'avoir essayé, puisqu'il a sans succès tenté à plus de 25 reprises, preuves à l'appui, d'obtenir une entrevue. Outre ses articles dans l'*Eagle-Tribune*, qui valurent à Conway une place de finaliste pour l'obtention du prestigieux prix Pulitzer en 1992, il écrivit le livre *Game Misconduct: Alan Eagleson and the Corruption of Hockey*, paru en 1995.

Bruce Dowbiggin, qui était reporter à la CBC, conduisit sa propre enquête sur la saga Eagleson du point de vue canadien, et, selon lui, la rivalité entre Conway et Eagleson était strictement d'ordre professionnel.

> **En 1998, Eagleson a été reconnu coupable de fraude, de vol, d'obstruction à la justice et de détournement de fonds, écopant d'une peine d'emprisonnement de 18 mois.**

« Il n'y a jamais eu d'attaques personnelles de l'un ou l'autre des deux protagonistes, explique-t-il. Russ était un reporter méticuleux qui documentait soigneusement tous ses écrits et ses conversations téléphoniques. Eagleson était constamment sur la défensive. »

Dowbiggin pressa également Eagleson, mais ce dernier a esquivé les questions tel un boxeur : « Sa seule réponse à mes questions fut de me demander si j'avais cessé de battre mon épouse. Alan est un homme bizarre. Il m'a poursuivi en justice pour libelle diffamatoire et je l'ai retrouvé en cour deux jours après le décès de sa belle-mère, accompagné de sa famille. Alors que nous étions dans l'ascenseur, je lui ai offert mes condoléances et il s'est mis à bavarder avec moi comme si nous étions de vieux amis. »

CONTRE OTTAWA
ALEXEI YASHIN

N'importe quel groupe de partisans frustrés peut huer un joueur. Mais pour aller jusqu'à intenter une poursuite contre un athlète et brûler ses effigies, il faut entretenir une haine peu banale !

Voilà une partie des mesures que les partisans des Sénateurs d'Ottawa ont prises pour exprimer leur mépris à l'endroit du héros local déchu, Alexei Yashin. La raison ? L'argent, bien sûr ! Plusieurs partisans des Sénateurs considéraient le talentueux Russe comme un être cupide, paresseux et égoïste. Le clan Yashin, à l'inverse, a indiqué que sa grève au cours de la saison 1999-2000 n'était qu'une question d'intégrité. Quoi qu'il en soit, lorsque Yashin a menacé de faire la grève pour une troisième fois en cinq ans malgré son contrat avec Ottawa, les Sénateurs n'ont pas bronché. Et l'opinion publique était de leur côté. « Cette année-là, partout en ville, tout le monde parlait de ce sujet », raconte Jim Boone, résident d'Ottawa et président de l'Association des partisans de la LNH. « À Ottawa, c'était aussi gros, à l'échelle locale, que le lock-out l'a été pour la Ligue. Ce gars était tellement détesté ! »

> « Si c'est ce qu'il faut, je suis prêt à arrêter de jouer durant deux ans. »
> - Alexei Yashin

Pourtant, la situation était bien différente au départ. Premier choix au repêchage de l'histoire des Sénateurs, deuxième au total en 1992, Yashin a répondu aux attentes que lui imposait son rang de sélection. Alors que l'équipe éprouvait des difficultés année après année, le Russe est devenu une vedette dans la LNH. Finaliste pour l'obtention du trophée Hart en 1999, il a terminé à égalité avec Jaromir Jagr au second rang des buteurs avec 44 buts. Teemu Selanne ne les avait devancés que par trois buts. Le véritable problème, c'était plutôt Alexandre Daigle. Repêché au premier rang par les Sénateurs en 1993, Daigle a acquis une popularité monstre (avant même de jouer son premier match dans la LNH) alors que tout le monde voyait dans le patineur lavallois la prochaine grande vedette du hockey.

Voyant un conflit poindre à l'horizon, Mark Gandler, l'agent de Yashin, a rencontré les dirigeants des Sénateurs pour renégocier le contrat de

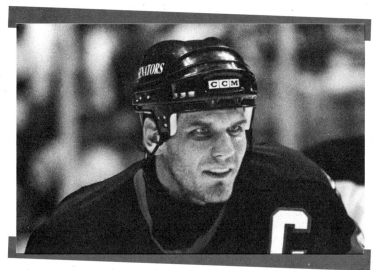

La vie d'Alexei Yashin a été pour le moins mouvementée à Ottawa.

son client. Il souhaitait protéger les intérêts de Yashin et s'assurer que lui et Daigle reçoivent un salaire équivalent. Un peu plus tard, Daigle signait un contrat de cinq ans évalué à 12,5 M$, le plus gros montant accordé à un joueur recrue. «Je ne veux pas dire du mal au sujet des personnes impliquées, a insisté Gandler, mais quand ce contrat a été offert à Daigle, il s'agissait d'un virage à 180 degrés. Nous avons perçu cela comme un affront pour Alexei.»

Au fur et à mesure que la saison avançait, la supériorité de Yashin devenait évidente. À quelques reprises, le clan Yashin a demandé la renégociation du contrat, comme on le lui avait promis si ses performances étaient égales ou supérieures à celles de Daigle. Le problème, c'est qu'à la troisième occasion, plusieurs directeurs généraux s'étaient succédé chez les Sénateurs : Mel Bridgman, Randy Sexton, Pierre Gauthier, Rick Dudley et, finalement en 1999-2000, Marshall Johnston. En plus de ce problème de stabilité et d'un manque de fonds du propriétaire, Rod Bryden, Johnston a indiqué ne pas avoir été mis au courant d'un accord verbal. Ce qu'il savait, c'est que Yashin devait obtenir 3,6 M$ à la dernière année de son contrat. Johnston s'était montré catégorique : «Tu joues à Ottawa ou tu ne joues pas du tout.» Pas de nouveau contrat ni de transaction.

«Je ne savais rien à propos des deux premières négociations survenues avant mon arrivée, explique Johnston. Je suis un type de la vieille école : quand tu signes un contrat, tu fais avec et tu attends la prochaine occasion pour négocier. Tu ne dis pas après quelques saisons : "Tout compte fait, il me semble que je mérite plus."»

Le conflit s'est envenimé par la suite et a été étalé sur la place publique. Les Sénateurs ont envoyé aux médias une lettre écrite dans laquelle Gandler, l'agent de Yashin, explique ses intentions. En 1999, Yashin a montré qu'il n'était pas à la remorque de son agent dans cette affaire. Il a déclaré à un journaliste : « Si c'est ce qu'il faut, je suis prêt à arrêter de jouer durant deux ans. » Ce à quoi le propriétaire Bryden a répliqué : « Alexei Yashin ? Ce nom ne me dit rien. »

Les Sénateurs ont encaissé un dur coup durant les séries cette année-là. En première ronde, ils ont été balayés par les (négligés) Sabres de Buffalo. Ottawa avait terminé au deuxième rang avec 103 points, 12 de plus que les Sabres au septième rang, et on s'attendait à ce que les Sens gagnent facilement la série. Le capitaine Yashin, censé mener l'attaque, n'a pas amassé un seul point. Les partisans des Sénateurs sont restés bouche bée. Cependant, tout le monde n'était pas prêt à lancer la pierre à Yashin. « Il avait obtenu 24 lancers en quatre parties, rappelle Dudley. Sans Dominik Hasek devant le filet des Sabres, Yashin aurait marqué au moins quatre ou cinq buts. À mon avis, il a joué avec ardeur et a fait son possible pour que les Sénateurs gagnent. »

> **Un fan furieux a intenté une poursuite de 27,5 M$ contre Yashin pour rupture de contrat.**

Au sein du public, les critiques surgissaient de partout. On a reproché à Yashin son coup de patin déficient et on l'a accusé d'apathie. L'image du joueur russe en a aussi pris pour son rhume à la suite d'un don versé (puis annulé) au Centre national des arts d'Ottawa en 1998. Yashin s'était engagé à verser 1 M$ sur cinq ans, mais la suite de l'histoire a été relatée de plusieurs façons différentes. Les médias ont rapporté que Yashin avait demandé que ses parents soient embauchés à titre de consultants, pour une somme de 425 000 $. De son côté, Gandler a déclaré que le montant était de 60 000 $, uniquement pour la mère de Yashin, et ce, pour des services légitimes : aider le centre d'arts, si besoin était, à élargir sa programmation russe. Une tâche qu'elle n'aurait jamais été autorisée à accomplir. « Alexei a respecté la première année de l'engagement, a mentionné Gandler. Mais aucun artiste de la Russie n'a été invité. Nous avons rencontré le chef d'orchestre et les dirigeants du Centre, et ils n'avaient pas l'intention de remédier à la situation. Comme ils n'ont pas respecté leur promesse, l'obligation morale ne tenait plus. Alexei était en droit d'annuler le contrat. »

Plus que tout, c'est la décision de rester chez lui une saison entière qui a valu à Yashin autant de mépris. La situation a atteint un point critique après la saison 1999-2000 quand un arbitre a statué que le Russe devait honorer la dernière année de son contrat avant de profiter de l'autonomie complète. Au cours de cette saison, Yashin s'est entraîné en grande partie avec une équipe suisse. L'automne suivant, il est retourné à Ottawa avec la conviction d'avoir pris la bonne décision. Lors d'une conférence de presse à son retour, il n'a démontré aucun remords. « Les médias s'attendaient à ce qu'Alexei dise : "Je suis désolé, j'ai mal agi. J'aime mes coéquipiers et Ottawa", mais il a dit les choses comme elles étaient, se souvient Gandler. Il était de retour parce que l'arbitre l'avait obligé. Autrement, il ne serait pas revenu. »

Ce fut une expérience éprouvante pour le Russe, qui a été hué sans pitié par les partisans une grande partie de la saison. Un fan furieux a intenté une poursuite de 27,5 M$ contre lui pour rupture de contrat. Elle a finalement été rejetée en cour. D'autres ont brûlé des effigies de Yashin. « Nous savions qu'il serait en feu à son retour, a indiqué Gandler. Je peux vous le confirmer : jouer toute une saison sous les huées, tout en comptant 40 buts, ce n'est pas facile. Il faut avoir un moral d'acier. Il a passé un mauvais quart d'heure, aucun doute là-dessus. »

Paradoxalement, pendant que les partisans projetaient leur haine sur Yashin, les membres de l'organisation des Sénateurs n'avaient que de bons mots à son sujet. « J'ai aimé côtoyer Yashin, dit Dudley. C'est une bonne personne et il a donné son maximum pour nous. » Johnston ajoute : « Je n'ai rien de négatif à dire sur lui. C'est un bon gars. Il n'était pas un problème hors de la patinoire. Yashin était solide et talentueux. » Quant au capitaine Daniel Alfredsson, il mentionne : « C'était un joueur réservé et un bon coéquipier. Un excellent joueur d'équipe, à mon avis. »

Heureusement, cette histoire a aussi de bons côtés. Johnston a échangé Yashin aux Islanders de New York en retour de Zdeno Chara, de Bill Muckalt et d'un choix de première ronde, le deuxième au total. Grâce à ce choix, les Sénateurs ont repêché Jason Spezza. Quant à Yashin, il a finalement obtenu le contrat mirobolant qu'il recherchait — et a enfin surpassé Daigle ! — lorsque les Islanders lui ont offert 87,5 M$ pour 10 ans.

À ce jour, les deux clans demeurent satisfaits de l'approche qu'ils ont utilisée. « Je suis content que l'histoire se soit terminée de cette façon », exprime Johnston. Quant à Gandler, il affirme : « Même en sachant tout ce qui s'est produit, nous referions exactement la même chose. »

CONTRE HAROLD BALLARD
TORONTO

Bien que son nom soit célèbre à Toronto, le souvenir qu'Harold Ballard a laissé à ses anciens employés, même à ceux qu'il était prêt à sacrifier pour faire les manchettes, est ambivalent. Propriétaire des Maple Leafs de 1972 jusqu'à son décès en 1990, Ballard avait commencé par acquérir des parts de l'équipe en 1962, avec Stafford Smythe et John Bassett Senior. Mais dès que Ballard et ses méthodes particulières eurent pris le contrôle de l'équipe, les Maple Leafs sont tombés dans un état de disgrâce qui ne s'est estompé qu'à la mort de l'homme. Sous son règne, l'équipe n'a jamais remporté un titre de division ni participé à la finale de la Coupe Stanley et elle a peiné à offrir un minimum de constance.

Ballard a changé d'entraîneur 11 fois en 18 ans, congédiant le légendaire Roger Neilson pour le réembaucher aussitôt si celui-ci acceptait de porter un sac de papier brun sur la tête... Bien sûr, Neilson n'acceptait que la première partie de cette offre! Ballard aimait que toutes ses affaires soient rendues publiques; cela nourrissait l'orgueil démesuré qui faisait partie intégrante de sa personnalité. Il essayait d'être sympathique en présence des joueurs ou de son personnel, mais dès qu'il leur tournait le dos, il s'en prenait à eux publiquement dans les médias. « Ballard était aux antipodes des patrons d'aujourd'hui, raconte Gord Stellick, qui a été directeur général des Leafs au cours d'une saison (1988-89) et qui a été impliqué avec l'équipe depuis sa jeunesse. Il savait que pour apparaître à la une, il fallait une déclaration scandaleuse. »

Bruce Boudreau, que l'on connaît pour l'excellent travail de redressement qu'il a effectué avec les Capitals de Washington, appartenait aux Maple Leafs pendant l'ère Ballard. Entre ses nombreux séjours dans les rangs mineurs, il a disputé 134 matchs dans l'uniforme de Toronto. Il se souvient d'un propriétaire sympathique, même s'il n'était pas toujours facile à suivre. « Il disait toujours bonjour et il souriait beaucoup, se souvient Boudreau. En tête à tête avec les gens, il était très gentil. » Et c'était bien là son principal défaut.

Stellick se souvient d'un incident survenu lors d'un vol d'avion alors que les Leafs, ravagés par les blessures, avaient rappelé le joueur Miroslav Ihnacak. Ballard, un anticommuniste notoire, avait joué un rôle dans la défection d'Ihnacak en Amérique du Nord, mais il estimait avoir été dupé lorsque son protégé ne fut pas à même d'offrir le même rendement dans la LNH. Alors qu'Ihnacak se rendait à son siège, Ballard l'accueillit chaleureusement. Avant de poursuivre son chemin dans l'allée de l'avion,

Ihnacak remercia gentiment Ballard pour l'occasion qu'il lui offrait de se faire valoir. « Dès qu'il s'est éloigné, se rappelle Stellick, Ballard s'est tourné vers moi et m'a dit : "On est vraiment rendu à gratter le fond du baril, pas vrai ?" »

Un autre incident regrettable s'est produit après qu'un journaliste fit remarquer à Ballard que son ailier droit vedette, Rick Vaive, était en fin de contrat. Vaive avait été le meilleur marqueur de l'équipe au cours de deux des trois dernières saisons. Ballard lui répondit : « Vaive serait un joueur médiocre s'il n'y avait encore que six équipes dans la Ligue. Je ne lui donnerai pas un cent de plus. » Vaive a par la suite déclaré : « Ça ne me dérangeait pas. J'ai éventuellement eu une augmentation de salaire après ma troisième saison de 50 buts. »

> **« L'immobilier était son domaine, pas le hockey. » - Gord Stellick**

Mais l'attitude de Ballard, qui agissait comme si tout lui était dû, a été très néfaste pour l'organisation. En tant que propriétaire, il avait toujours le dernier mot. C'était son point de vue ou rien. Malheureusement, il ne savait pas comment gagner des matchs de hockey. « L'immobilier était son domaine, pas le hockey, affirme Stellick. Il signait les chèques et aimait se tenir à l'avant-scène. Certes, il voulait gagner, mais il ne pouvait s'empêcher de se mêler de ce qui ne le regardait pas. » Vaive ajoute : « Nous avions d'excellents joueurs de hockey dans notre équipe, mais nous n'étions pas capables de recruter de bons entraîneurs parce que Ballard ne voulait pas les payer et que la plupart d'entre eux ne voulaient pas travailler pour lui. »

La mesquinerie de Ballard – que ses nombreuses contributions à des oeuvres caritatives compensaient largement, selon ses défenseurs (une information qui est nettement incompatible avec le fait qu'il a été reconnu coupable de 47 chefs de vol et de fraude aux dépens des Maple Leafs en 1972) — a beaucoup nui à la performance des joueurs de l'équipe qui ne donnaient pas toujours leur plein rendement.

Pendant les années 1980, Ballard contournait les règles de la LNH concernant les *per diem* en exigeant que les vols décollent cinq minutes après l'heure limite de 19 h 30. « Il n'aurait eu à défrayer que les *per diem* pour une demi-journée, explique Vaive. Au lieu de cela, nous arrivions à destination tardivement, souvent vers 23 h ou minuit. Éventuellement, nous nous sommes assis avec lui et avons accepté de renoncer à l'allocation de repas pour que l'on prenne l'avion à une heure raisonnable, comme 16 h 30. Ainsi, on pouvait se reposer à destination et sortir pour prendre un souper. Cette entente a duré pendant un certain temps. » Ironiquement, Vaive voyait tout de même un avantage aux vols commerciaux. « Parce que nous restions toujours une nuit complète à destination plutôt que de revenir à Toronto après le match, les gars ont commencé à sortir ensemble et à mieux se connaître, se rappelle-t-il. Je pense que cela a été bénéfique pour notre esprit d'équipe. »

Mais même si Ballard acceptait de moderniser ses pratiques, sa nature renfrognée prenait toujours le dessus. L'équipe a éventuellement nolisé des avions pour les joueurs, mais la transition fut parfois houleuse. Un soir, une agent de bord distribuait des barres de chocolat après le repas. King Clancy, le meilleur ami de Ballard et membre de l'équipe de direction des Leafs depuis toujours, glissa à l'oreille de cette dernière que Ballard, qui était assis deux rangées derrière lui, ne pouvait manger qu'une seule barre de chocolat pour cause de diabète. « Lorsqu'elle présenta le plateau à Ballard, celui-ci s'empara d'une grosse poignée de barres de chocolat et il fut tapé sur la main par l'hôtesse qui lui rappela gentiment qu'il n'avait droit qu'à une seule barre de chocolat vu sa condition, se remémore Vaive. Offusqué, Ballard a annulé les vols nolisés et nous sommes retournés sur les vols commerciaux pendant tout le reste de cette année-là. »

> « Lorsque King Clancy était vivant, Harold Ballard était un gars différent. Après la mort de son ami, il est devenu irritable et beaucoup plus susceptible. » – Rick Vaive

Malgré ses manières rustres, plusieurs de ses anciens subalternes se souviennent du côté plus docile de Ballard. Stellick se rappelle qu'il s'agissait d'un homme capable de se faire passer pour un oncle sympathique lorsqu'il était de bonne humeur, et Vaive a une bonne idée des raisons qui ont rendu Ballard amer pendant ses dernières années à Toronto. « Lorsque King Clancy était vivant, Harold était un gars différent, explique Vaive. Après la mort de son ami, il est devenu irritable et beaucoup plus susceptible. C'était son meilleur ami ; peut-être son seul ami. On entend souvent dire que le conjoint survivant dépérit après la mort de son ou de sa partenaire de vie. Ça ressemblait un peu à ça. »

RANGERS DE NEW YORK
BRUINS DE BOSTON

Au cours de sa brillante carrière, Phil Esposito aura connu les deux côtés de la rivalité Rangers-Bruins.

Devoir passer du côté de ses ennemis jurés alors qu'on atteint l'apogée de sa carrière n'est pas une chose facile. Brad Park avait 27 ans et Broadway tatoué sur le coeur lorsqu'en novembre 1975, les Rangers de New York l'ont échangé, ainsi que Jean Ratelle, contre Phil Esposito et Carol Vadnais à leurs éternels rivaux : les Bruins de Boston.

Quelques années plus tard, dans son livre *Play the Man*, Park a exprimé sans détour ce qu'il pensait de Boston et des amateurs de cette ville. « Il détestait Boston », explique Stan Fischler, un animateur et journaliste sportif ayant collaboré à la rédaction du livre du Park. Et la réciproque était aussi vraie. « Lorsque je jouais pour les Rangers, j'étais l'ennemi public numéro un, explique Park. À cause des lettres haineuses que je recevais, le FBI devait m'escorter quand j'arrivais et quand je quittais la glace de l'amphithéâtre à Boston. »

La virulence de ce conflit a rendu l'échange concocté par le DG des Rangers, Emile Francis, et le patron des Bruins, Harry Sinden, bien difficile à comprendre pour les observateurs. *The Hockey News* titrait en manchette « Esposito démoli, Park stupéfait : le monde du hockey en état de choc ». L'article, écrit par Norman MacLean de New York, décrivait Esposito comme un « ogre détesté » au Madison Square Garden. Lorsque la transaction s'est conclue, Ratelle occupait le second rang parmi les meilleurs marqueurs de tous les temps chez les Rangers avec 336 buts et 817 points en 862 parties. Calme et réservé en tant que joueur, Ratelle n'a pas pu contenir ses émotions. « Je suis à New York depuis 15 ans et quitter cette ville sera très difficile pour moi », a-t-il confié à *The Hockey News* à l'époque.

On pourrait penser que le principal problème de Park allait être de représenter une ville et une équipe dont il devait être protégé par les forces policières peu de temps auparavant. Mais l'esprit de compétition de Park lui a fait endosser l'uniforme noir et jaune des Bruins avec la rage au coeur ; il allait faire de son mieux pour prouver aux Rangers qu'ils avaient eu tort. « Je vais montrer aux Blueshirts que Boston a eu le meilleur dans cet échange, a-t-il confié à THN. Oui, je vais endosser l'uniforme des Bruins. Pensez-vous que je vais aller travailler à la mine ? »

Trente-cinq ans plus tard, Park admet que malgré son désir de revenir au jeu et de se venger de son ancien employeur, il allait devoir, comme d'habitude, être très prudent en débarquant au Massachusetts. « Je regardais toujours par-dessus mon épaule, dit-il. À un moment donné, après un bref voyage sur la route, nous étions de retour à Boston et gagnions 6 à 0. J'avais marqué trois buts en avantage numérique et un type dans la foule m'a crié : "Hey Park, bienvenue à Boston". Dès que les amateurs ont vu comment je jouais à la pointe, notamment avec Bobby Orr, et comment notre jeu de puissance était redoutable, ils m'ont accepté au sein de l'équipe. »

> « À Boston, le FBI devait m'escorter quand j'arrivais et quand je quittais la glace de l'amphithéâtre. » - Brad Park

Plus que tout autre conflit dans le milieu du hockey, la rivalité New York-Boston relève tout autant des villes elles-mêmes que des équipes qui les représentent. C'est pourquoi cette rivalité existe encore aujourd'hui, malgré le fait que les Bruins et les Rangers ne se sont pas affrontés en séries éliminatoires depuis 1973. Les Bostonnais ne ratent jamais une occasion de prendre une bonne bouchée dans la Grosse Pomme, alors que Fischler, New-Yorkais depuis toujours, ne se gêne pas pour déclarer publiquement que Boston est « une ville de ploucs avec un métro de merde ».

Il s'amuse aussi à partager des histoires datant des premiers jours de la rivalité, alors que les deux équipes luttaient pour se maintenir au niveau des autres clubs lorsque la Ligue n'en comptait que six. «Après la Seconde Guerre mondiale, les Rangers ont peiné à se rendre en séries et, pendant plusieurs années, ils se faisaient devancer à l'avant-dernier rang par les Bruins», raconte Fischler, qui a été à l'emploi des Rangers en 1954-55. Les Bruins s'imposaient souvent en ayant recours à toutes sortes de tactiques déloyales. «Je me souviens d'une altercation entre Milt Schmidt, centre vedette des Bruins, et Edgar Laprade, joueur de centre pour les Rangers. Il ne restait que 10 jours à jouer dans la saison régulière et Schmidt avait fracturé la jambe de Laprade, signant ainsi l'arrêt de mort des Rangers cette année-là.»

> «À cette époque, si vous étiez un amateur des Rangers et que vous alliez au Garden de Boston, vous risquiez votre vie.» – Stan Fischler

Une autre graine de discorde a été semée à cette époque lorsque, à l'été 1950, l'entraîneur Lynn Patrick quitta les Rangers pour les Bruins. New York se remettait à peine d'une excellente prestation en séries éliminatoires, ayant éliminé les puissants Canadiens en demi-finale et forcé les dominants Red Wings de Detroit à une double prolongation dans le septième match pour la Coupe Stanley avant de s'incliner. Le fait que les Rangers aient connu de si bonnes séries a rendu la décision de Patrick encore plus difficile à comprendre, mais elle constituait une raison de plus pour détester Boston.

Les amateurs des Rangers et des Bruins n'ont jamais manqué de raisons de se détester, mais d'après Fischler, la rivalité des années 1970 a atteint des sommets jamais égalés. «À cette époque, si vous étiez un amateur des Rangers et que vous alliez au Garden de Boston, vous risquiez votre vie, explique-t-il. Et je sais très bien de quoi je parle.»

CONTRE URSS TCHÉCOSLOVAQUIE

Les équipes de hockey de l'URSS et de la Tchécoslovaquie ont connu une rivalité féroce pendant les années 1950 et 1960, une rivalité qui a atteint un sommet après le Printemps de Prague, alors que les Soviétiques ont envahi la capitale tchécoslovaque avec leurs chars pour mater une rébellion politique contre le régime communiste en août 1968. Pour envenimer les choses encore davantage, la Tchécoslovaquie – qui devait être l'hôte du Championnat mondial de hockey en 1969 – a dû se retirer à cause de l'invasion. Ce contexte a donné lieu à une véritable guerre sur la glace, qui a perduré pendant plus d'une décennie.

« Ils ont décidé que s'ils ne pouvaient pas nous battre avec des chars, ils pouvaient nous vaincre sur la glace. »
– Evgeny Zimin

Au printemps 1969, lorsque les deux pays se sont rencontrés à Stockholm, les Tchèques ont sauté sur la glace avec la rage au coeur et ont battu deux fois les Soviétiques, détenteurs de la médaille d'or olympique et champions du monde, par la marque de 2-0 et 4-3.

Après avoir marqué le premier but de son équipe, le joueur-vedette tchèque, Jaroslav Holik, s'en est pris au gardien de but soviétique, Viktor Zinger, en brandissant son bâton devant son masque et en le traitant de « sale communiste ». Josef Golonka, le capitaine de l'équipe, a lui aussi exprimé le ressentiment qu'il entretenait pour les Soviétiques en imitant un tireur d'élite avec son bâton de hockey. « Nous nous étions dit que nous allions les battre, quitte à mourir sur la glace », a déclaré Golonka plusieurs années plus tard. Avant le premier match, certains joueurs tchèques avaient défié le Parti communiste en masquant l'étoile sur leur chandail avec du ruban gommé. Cette étoile rouge symbolisait l'allégeance à l'URSS.

En 1989 à Moscou, l'ailier soviétique, Evgeny Zimin, s'est remémoré cette partie dans le cadre d'une entrevue avec Lawrence Martin, l'auteur du livre *The Red Machine*. « L'intégrité et la fierté des joueurs tchécoslovaques étaient en cause, a-t-il déclaré. Ils ont décidé que s'ils ne pouvaient pas nous battre avec des chars, ils pouvaient nous vaincre sur la glace. »

Les Tchécoslovaques ont eu le dessus sur les Soviétiques, pendant les Jeux olympiques de 1968, mais les parties entre ces deux pays ont toujours été chaudement disputées.

La marmite bouillait encore trois ans plus tard lorsque Vaclav Nedomansky a lancé une rondelle avec force en direction du banc soviétique lors des Jeux olympiques d'hiver de 1972 au Japon. Les Soviétiques remportèrent la médaille d'or cette année-là grâce à une victoire de 5-2. Toutefois, deux mois plus tard, lors du Championnat mondial de 1972 à Prague, l'équipe tchèque s'est vengée en remportant une victoire de 3-2 contre les champions olympiques, mettant ainsi un terme à neuf années de domination soviétique à ce tournoi.

En avril 1967 – plus d'un an avant l'invasion soviétique –, Stepan Chervonenko, l'ambassadeur d'URSS en Tchécoslovaquie, a envoyé un message secret à Moscou. Il recommandait que l'on envisage de mettre un terme aux matchs disputés en territoire tchécoslovaque entre les deux pays et suggérait que les arbitres soviétiques se tiennent à distance des parties impliquant l'équipe tchèque à l'avenir.

Lorsque la Tchécoslovaquie a triomphé de l'URSS par la marque de 5-4 lors des Olympiques de 1968 en France, les amateurs pragois ont gribouillé la marque finale sur les rues, les murs et les bâtiments en signe de défi. Lors du Championnat mondial de 1985, une victoire de 2-1 contre les Soviétiques a servi de prélude au match pour la médaille d'or au cours duquel les Tchécoslovaques ont vaincu le Canada et Mario Lemieux par la marque de 5-3.

Depuis la première confrontation entre les deux équipes – lors du Championnat mondial de 1954 –, et ce, jusqu'aux Olympiques de 1992, les Soviétiques ont accumulé une fiche de 37-12-8 contre la Tchécoslovaquie. Toutefois, très peu de ces victoires ont été acquises sans payer un lourd tribut sur le plan physique. À titre de comparaison, pendant cette même période de 38 ans, les Soviétiques ont inscrit une série de 47 victoires consécutives contre la Suède. Et entre 1977 et 1992, le Canada n'a battu l'URSS qu'une seule fois lorsqu'il était représenté par des joueurs de la LNH !

« Nous nous étions dit que nous allions les battre, quitte à mourir sur la glace. » - Josef Golonka

Peu importe l'intensité de la rivalité entre eux, les Soviétiques ont aidé les Tchèques, leurs frères slaves, en plusieurs occasions. Lors du Championnat mondial de 1982 en Finlande, les joueurs de l'URSS étaient assurés de remporter la médaille d'or du tournoi et le Canada se dirigeait vers une médaille d'argent si les Soviétiques battaient la Tchécoslovaquie lors de leur dernier match. La chose n'a jamais été prouvée, mais plusieurs observateurs croient que les Soviétiques ont volontairement levé le pied lors de cette confrontation, qui s'est terminée par un match nul 0-0. Les Tchèques se voyaient ainsi octroyer un point au classement, tout juste assez pour devancer les Canadiens pour la médaille d'argent.

Au cours de cette partie, dit-on, Sergeï Makarov a profité d'une échappée, mais au lieu de foncer vers le but adverse, ce dernier a rebroussé chemin en zone neutre avec la rondelle. Se remémorant cette partie vingt ans plus tard dans une ambiance nettement plus décontractée, le centre soviétique Viktor Zhluktov déclare : « J'imagine qu'on peut aujourd'hui parler de ces choses-là, pas vrai ? »

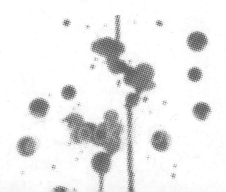

DON CHERRY
RON WILSON

Il n'est pas difficile de comprendre pourquoi le torchon brûle entre l'ex-entraîneur Don Cherry et l'entraîneur actuel des Maple Leafs de Toronto, Ron Wilson. Les deux hommes se ressemblent dans leur manière d'interagir avec les médias et, oui, ils ont tous deux connu un certain succès derrière le banc. Cherry a remporté le trophée Jack Adams de la LNH en 1976 comme entraîneur de l'année ; Wilson a mené l'équipe américaine à une victoire lors de la Coupe du monde de hockey sur glace de 1996 et il compte non moins de 500 victoires en carrière dans la LNH.

Mais comme le savent très bien les téléspectateurs de l'émission *Hockey Night in Canada*, Cherry est un partisan fini des joueurs nord-américains et il aimerait mieux immoler sa garde-robe au grand complet sur la place publique que de brûler en Europe comme l'a fait Wilson. De plus, Wilson est reconnu comme étant l'un des entraîneurs les plus progressistes de la LNH, alors que la philosophie de Cherry est pour le moins conservatrice. Ainsi, en 2008, personne n'a donc été surpris de voir Don Cherry s'en prendre régulièrement à Wilson après que celui-ci soit devenu entraîneur des Leafs.

> Cherry a déjà qualifié Wilson de «Napoléon», de «pompeux et arrogant», de «brute» et d'«Américain typique».

«Lorsque vous me demandez ce que je pense de lui, je n'ai pas de difficulté à dire que je n'apprécie pas un gars qui diminue ses joueurs pour tenter de se mettre en valeur, a déclaré Don Cherry en 2009 sur les ondes de la station de radio torontoise The Fan 590. Je pense que cette manière de faire, c'est de la merde.» À la télévision (*Coach's Corner*) et lors d'entrevues dans les médias, Cherry a déjà qualifié Wilson de «Napoléon», de «pompeux et arrogant», de «brute» et d'«Américain typique» (même si Wilson est, dans les faits, originaire de Windsor en Ontario et qu'il détient les deux citoyennetés).

Il s'agit bien d'une querelle, mais avant le début de la saison 2010, elle semblait être à sens unique tant les commentaires publics de Wilson se faisaient rares. «Je ne commenterai pas les remarques de Cherry, a-t-il

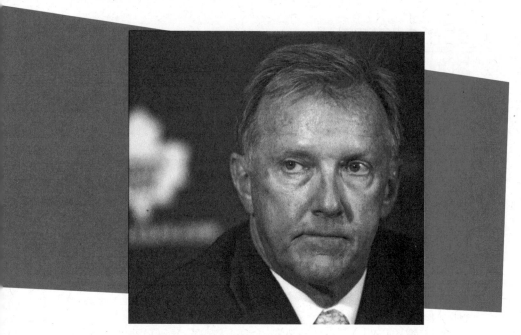

Don Cherry a rapidement pris en grippe Ron Wilson, à l'arrivée de ce dernier à la barre des Maple Leafs.

déclaré en 2008, lors d'un point en presse après un match. Je pense que ça jette de l'huile sur le feu. Don Cherry a droit à son opinion... J'ai mon style derrière le banc et il faut reconnaître que j'ai connu pas mal de succès au fil des ans. C'est d'ailleurs ce que je cherche à faire encore aujourd'hui. »

Un DG de la LNH qui connaît les deux hommes avoue être incapable de dire exactement ce qui a déclenché les hostilités entre eux. « Je crois que ce sont certains choix qu'ils ont faits dans leurs vies qui les ont menés là où ils sont aujourd'hui. » Le vétéran DG poursuit : « Ronnie ne se lancera jamais dans une guerre de mots avec Don. Vous ne vous retrouvez pas derrière le banc d'une équipe de la LNH pendant 1000 matchs sans avoir un certain degré d'intelligence et Ron sait qu'il n'a rien à gagner en livrant une bataille rangée dans les médias avec un personnage comme Don Cherry. » Les deux hommes sont, selon le DG, tous deux dotés de fortes personnalités : « C'est sans doute à cause de ça qu'ils se retrouvent aussi souvent en opposition. »

Lorsqu'on l'interroge pour savoir si les deux hommes pourraient un jour se réconcilier, notre source sourit avant de répondre : « Oui, s'il y avait une somme dans les six chiffres à la clef. Mais il faudrait que ce soit pour chacun des deux. »

ERIC LINDROS
BOBBY CLARKE

Sur papier, ce devait être une relation idéale. Un membre du Temple de la renommée du hockey se voit accorder la chance de travailler avec un jeune que d'aucuns considèrent comme une future grande vedette. Toutefois, même si les rapports entre Bobby Clarke, le directeur général des Flyers, et Eric Lindros étaient cordiaux au début, les choses se sont vite détériorées.

Acquis des Nordiques de Québec en 1992 lors d'un échange important avec les Flyers, Lindros a apporté une certaine respectabilité à l'équipe de Philadelphie où il a remporté son seul et premier titre de « joueur le plus utile à son équipe » en 1994-95. Cette année-là, bien que la saison fut écourtée par un lock-out, les Flyers ont réussi à mettre fin à une disette de participation aux séries qui durait depuis cinq ans.

Peu après, Lindros a commencé à être la proie des blessures, notamment une série de commotions cérébrales survenue peu après les Jeux olympiques d'hiver de 1998 lors d'un match au cours duquel Darius Kasparaitis, défenseur à Pittsburgh, lui avait appliqué une solide mise en échec. Cependant, la blessure qui a semé la division entre Clarke et Lindros s'est produite le 1er avril 1999 lorsque le grand Eric a subi un collapsus pulmonaire après un contact violent avec le défenseur Bob Boughner des Predators de Nashville. La rumeur veut que les parents Lindros, Carl et Bonnie, aient accusé le directeur général des Flyers d'avoir laissé leur fils prendre l'avion tout de suite après avoir obtenu son congé d'un hôpital de Nashville, geste qu'ils estimaient risqué compte tenu des variations de pression dans la cabine de l'avion. « Eric est le seul responsable de ses problèmes, a déclaré Clarke à l'époque.

Au cours de ses neuf saisons avec les Flyers, Lindros a subi au moins six commotions cérébrales.

C'est assez invraisemblable de penser que notre équipe de soigneurs ne lui accorderait pas les soins nécessaires ou qu'elle tenterait de le tuer en lui faisant prendre l'avion. »

«Des remarques comme celles-là portent atteinte à l'intégrité d'une équipe et elles dérangent, poursuit Clarke. Je ne crois pas qu'un homme de 27 ans devrait être systématiquement défendu par son père et que ce dernier devrait l'amener chez le médecin ou se pointer dans le vestiaire de l'équipe dès que fiston se fait malmener. Vous faites ça à un joueur de 14 ans et il est gêné.» Lindros a survécu, mais les problèmes ont persisté. Au cours de ses neuf saisons avec les Flyers, il a subi au moins six commotions cérébrales. La dernière et la plus célèbre de ces commotions est survenue en 2000 et a véritablement mis un terme à ses liens avec Clarke et les Flyers. Cette année-là, au cours du septième match de la finale de la Conférence de l'Est, Lindros a été carrément assommé par une percutante mise en échec de Scott Stevens des Devils. L'équipe du New Jersey a réussi à combler un déficit de trois matchs en gagnant cette partie et Lindros n'a plus jamais été revu à Philadelphie.

«Au fil des ans, je crois qu'il y a eu trop de controverse, a déclaré Clarke lorsqu'il a échangé Lindros aux Rangers le 20 août 2001 pour Jan Hlavac, Kim Johnsson, Pavel Brendl et un choix de troisième ronde. Il se fait frapper (par Stevens) et l'on se retrouve avec son père et son majordome dans le vestiaire.» Lindros n'avait jamais vraiment fait état publiquement de ses différends avec Clarke. Il parlait plutôt de manière abstraite de «moments difficiles». «J'ai toujours senti beaucoup de soutien à Philadelphie, a déclaré Lindros lors de la conférence de presse qui a suivi son arrivée à New York. Dès que les séries commencent, la ville se transforme. Malgré les hauts et les bas, je me suis toujours senti soutenu. En ce qui concerne mes coéquipiers et les partisans, je n'ai que de bonnes choses à dire de mon passage chez les Flyers. Cela m'importe bien davantage que les différends que j'ai pu avoir avec la direction de l'équipe.»

Comme lorsqu'il jouait, Bobby Clarke a été sans pitié pour Éric Lindros, en tant que DG.

DANIEL ALFREDSSON
TORONTO

Le capitaine des Sénateurs, Daniel Alfredsson, est un pilier au sein de sa communauté à Ottawa. Il est respecté pour son jeu, son leadership sur la glace et son engagement auprès d'organismes de charité. Alfredsson soutient en effet les organismes Right to Play et Boys and Girls Clubs ; il est également porte-parole pour le Royal Ottawa Hospital. Glenn Healy, commentateur sportif et ancien gardien de but de la LNH, décrit Alfredsson comme « un gentleman dans une classe à part ». Cependant, dans l'esprit de plusieurs partisans des Maple Leafs de Toronto, ce vétéran de la LNH, reconnu pour son caractère paisible, est l'ennemi public numéro un. Pour s'en rendre compte, il suffit de visiter Facebook, où une page créée par des amateurs des Leafs casse du sucre sur le dos d'Alfredsson comme s'il s'agissait d'un monstre.

> « Certains amateurs ne m'aiment pas, mais quand je me promène à Toronto, je ne rencontre que des personnes respectueuses. » - Daniel Alfredsson

Depuis qu'il a appliqué une mise en échec controversée aux dépens de Darcy Tucker, au cours des séries éliminatoires de 2002, Alfredsson est hué copieusement chaque fois qu'il touche à la rondelle au Air Canada Centre de Toronto. Souvenez-vous ; la série et le pointage étaient égaux, deux partout. Vers la fin du match, Alfredsson entre en contact avec Tucker et le pousse dans le dos. Le joueur des Leafs s'écroule sur la glace et Alfredsson s'échappe pour marquer le but de la victoire. Avec le recul, Alfredsson reconnaît qu'il s'en est bien tiré cette fois-là. « Aujourd'hui, j'aurais été pénalisé, dit-il, mais à l'époque, les arbitres n'ont pas voulu sévir parce que nous étions en fin de rencontre d'un match éliminatoire et que la coutume voulait qu'on ne donne pas de punitions dans un moment aussi critique. »

Deux saisons plus tard, Alfredsson offre aux partisans des Leafs une autre raison de le détester. Dans un geste de frustration, le capitaine des Leafs, Mats Sundin, brise son bâton et lance les morceaux de celui-ci par-dessus la baie vitrée. Il écope d'une suspension d'un match pour son geste. Quelques jours plus tard, avec Sundin sur la touche, Alfredsson a lui aussi maille à partir avec son bâton, qui se fracasse au moment où il tente de profiter d'une chance de marquer. Plutôt que de le laisser tomber immédiatement sur la glace, il jette un coup d'oeil vers les gradins et

71

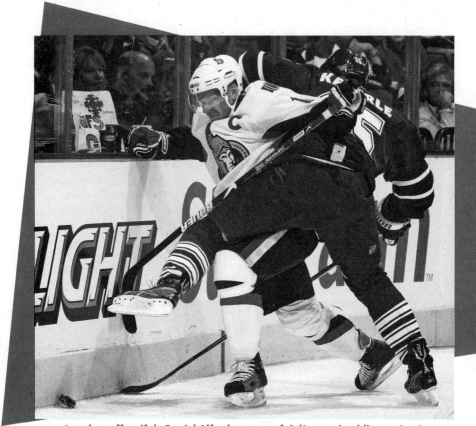

Le talent offensif de Daniel Alfredsson en a fait l'ennemi public numéro 1 à Toronto.

fait mine de le lancer dans la foule. Les partisans n'ont pas apprécié. Alfredsson s'est défendu : «Ce n'était pas planifié. J'ai brisé trois ou quatre bâtons le matin du match et trois autres pendant la partie... Le problème, c'est que ça s'est passé à Toronto. Cet incident a été largement exagéré. Même Sundin a trouvé ça drôle.»

L'attaquant d'Ottawa s'est souvent fait bousculer par les joueurs des Leafs, mais un incident, survenu lors de la saison 2007-08, sort du lot. Mark Bell, un plombier des Leafs, assomme quasiment Alfredsson avec une mise en échec. Alors que celui-ci cherche son souffle, étendu sur la glace, les partisans applaudissent. Alfredsson a vraiment été blessé sur le jeu et il a raté deux matchs éliminatoires. Avant cet incident, il n'avait jamais raté un match éliminatoire dans l'uniforme des Sénateurs.

Malgré le traitement que lui réservent les partisans des Leafs encore aujourd'hui, Alfredsson n'est pas amer. «Les amateurs de Toronto connaissent le hockey. Ils encouragent leur équipe, dit-il. Certains amateurs ne m'aiment pas, mais lorsque je me promène à Toronto, je ne rencontre que des personnes respectueuses. Je n'entretiens aucune rancoeur envers qui que ce soit. »

> Mark Bell assomme quasiment Alfredsson avec une mise en échec. Alors que celui-ci cherche son souffle, étendu sur la glace, les partisans applaudissent.

HOCKEYEUSES CANADIENNES CONTRE
HOCKEYEUSES AMÉRICAINES

Si vous pensez que la rivalité entre les femmes n'est pas aussi féroce parce que le hockey féminin retient moins l'attention ou parce que plusieurs des hockeyeuses des deux pays jouent dans la même équipe dans le circuit collégial américain, détrompez-vous. «N'en doutez pas, il y a une intense rivalité, explique Hayley Wickenheiser, qui fut longtemps capitaine de l'équipe canadienne et assurément l'une des meilleures joueuses de l'histoire. Les deux équipes ne peuvent pas se blairer même si, il est vrai, plusieurs joueuses font partie de la même équipe au sein de la NCAA et que quelques-unes d'entre elles sont amies. Mais lorsque vous sautez sur la glace pour un match Canada-États-Unis, la hargne est toujours bien présente. Il n'y a pas d'atomes crochus entre ces deux équipes et c'est sans doute pourquoi elles entretiennent l'une des plus intenses rivalités du sport. »

«Avec leur fiche de victoires et de défaites, il faut respecter les joueuses canadiennes, explique la cocapitaine de l'équipe américaine, Angela Ruggiero. Elles jouent un hockey physique, qui suscite des émotions chez leurs adversaires. Nous ne sommes pas bien différentes ; nous savons que la seule chose qui compte, de part et d'autre, c'est de gagner».

La rivalité Canada-États-Unis était intense bien avant les Jeux olympiques d'hiver de Nagano en 1998, lorsque le hockey féminin a été inscrit pour la première fois comme sport officiel. Mais ce premier rendez-vous pour la médaille d'or – qui a été remporté 3-1 par les Américaines, invaincues pendant tout le tournoi – n'aura réussi qu'à envenimer les choses. Lors des Jeux de Nagano, l'équipe du Canada a été outrée par les agissements de l'attaquante américaine, Sandra Whyte, qui se serait moquée de Danielle Goyette, une joueuse de l'équipe canadienne qui venait de perdre son père atteint de la maladie d'Alzheimer.

> Selon la rumeur, les joueuses des États-Unis piétinaient le drapeau canadien dans leur vestiaire avant les matchs.

Whyte a nié ces allégations, mais l'histoire s'est répétée lors du tournoi olympique suivant (à Salt Lake City en 2002) alors que les Américaines auraient encore une fois agi de manière offensante envers les membres de l'équipe canadienne. La rumeur a laissé entendre que les joueuses des États-Unis piétinaient le drapeau canadien dans leur vestiaire avant les matchs. Encore une fois, les Américaines ont démenti ces allégations, mais si l'on se fie au discours passionné qu'a livré Wickenheiser après que le Canada eut remporté l'or, l'équipe canadienne a été clairement motivée par cet incident. «Les Jeux de 2002 sont difficiles à battre au chapitre des émotions, a déclaré Wickenheiser huit ans plus tard. Nous sentions que nous allions devoir battre le monde entier. De plus, jouer en sol américain quelques mois après les événements du 11 septembre, les émotions étaient à fleur de peau lors du match final. L'atmosphère était très différente de celle de Vancouver, en 2010.»

En effet, lors des Jeux olympiques de 2010, l'équipe du Canada s'est imposée par la marque de 2-0 en finale, remportant la médaille d'or olympique pour la troisième fois consécutive. Encore une fois, la rivalité entre les deux nations les plus dominantes du hockey sur glace féminin s'est manifestée lors de la cérémonie de remise des médailles à la suite de la victoire canadienne. Lorsqu'elles ont reçu leur médaille d'argent, plusieurs joueuses américaines pleuraient en silence. D'aucuns leur ont reproché d'afficher une attitude antisportive en noyant de pleurs leur médaille olympique fut-elle d'argent.

Les Jeux olympiques de Vancouver ont une fois de plus mis en confrontation les équipes canadiennes et américaines, en finale du hockey féminin.

Mais cette fois-là, Wickenheiser s'est portée à la défense de ses rivales. «C'est un commentaire stupide parce que l'on ne "remporte" pas une médaille d'argent au hockey. Au contraire, on "perd" la médaille d'or, a-t-elle affirmé. J'étais dans cette position en 1998 et lors de certains championnats mondiaux. Je sais que c'est dévastateur. C'est difficile de mettre les émotions de côté et de se dire : "Super, je viens de gagner une médaille d'argent !"» Elle poursuit : «Je n'aurais pas agi autrement que les Américaines ; j'aurais été bouleversée compte tenu de tout le travail et des énergies qui sont investies dans un tournoi olympique. Lorsqu'une défaite survient, il y a un véritable deuil à faire.»

La mort d'un rêve, absolument. Mais la rivalité entre les femmes canadiennes et américaines au hockey n'est pas à la veille de s'estomper. «Chaque partie que nous jouons est importante, explique Wickenheiser. Nous voulons toutes contribuer à la croissance de notre sport et, éventuellement, développer des rivalités tout aussi intenses avec des pays comme la Suède ou la Finlande. Mais il n'y a aucun doute que, compte tenu des événements qui se sont déroulés au cours des vingt dernières années, la rivalité entre le Canada et les États-Unis risque de s'intensifier.»

CONTRE
DOUG HARVEY
LE TEMPLE DE LA RENOMMÉE DU HOCKEY

Vous ne le savez peut-être pas, mais Gil Stein, un ancien président de la LNH, est la seule personne à avoir refusé d'être intronisée au Temple de la renommée du hockey. Il a dû décliner cet honneur après que l'on a découvert qu'il avait lui-même orchestré son intronisation en 1993. Mais 20 ans auparavant, Doug Harvey s'était permis de faire un pied de nez aux dirigeants du Temple de la renommée envers qui il n'avait pas le moindre respect. En fait, Harvey ne voulait rien savoir d'une institution qui se permettait de juger ses actions à l'extérieur de la patinoire.

Harvey n'a jamais accepté son intronisation et ne s'est pas présenté lors de la cérémonie protocolaire. Le Temple détient encore la lettre envoyée par Ursula, l'ex-conjointe du hockeyeur, dans laquelle elle informe poliment les dirigeants du Temple de la renommée que Harvey n'a toujours

> Les histoires concernant les beuveries de Harvey sont aussi légendaires que ses exploits sur la patinoire.

pas changé d'avis et qu'il n'avalise pas son intronisation. Il en va de même pour la bague, qui est généralement remise à chaque joueur intronisé. Harvey n'en a jamais pris possession.

Cette querelle ne sera jamais apaisée parce que Harvey est mort d'une cirrhose en 1989. À moins qu'un des membres de sa famille ne décide d'enterrer la hache de guerre, il est probable que le différent entre Harvey et le Temple de la renommée ne s'éteigne jamais. Harvey méritait-il sa place au Temple? Considérant qu'il était sans doute l'un des meilleurs défenseurs de sa génération et, selon plusieurs, le meilleur de tous les temps, la réponse saute aux yeux. Harvey a remporté sept trophées Norris en huit ans, il a joué un rôle déterminant dans six conquêtes de la Coupe Stanley par les Canadiens et il a été choisi sur la première équipe d'étoiles à dix reprises. Pas de doute, Harvey était un candidat méritoire.

Malheureusement, il avait une très mauvaise habitude. Doug Harvey avait un problème d'alcool que plusieurs attribuent à un trouble bipolaire et à la dépression chronique qui ont été diagnostiqués tardivement dans sa vie. Les histoires concernant les beuveries de Harvey sont aussi légendaires que ses exploits sur la glace. Il a déjà confié à un journaliste que lorsqu'il mourrait, son corps aurait du mal à se décomposer. « Il est tellement plein d'alcool que je n'aurai pas besoin de liquide d'embaumement », aurait-il affirmé. C'est la raison pour laquelle le Temple de la renommée a refusé son intronisation en 1972, après le délai habituel de trois ans suivant la retraite du joueur. L'ancien DG des Canadiens, Frank Selke, qui était membre du comité de sélection à l'époque, a informé Harvey que sa candidature n'avait pas été retenue à cause de son penchant pour la dive bouteille.

Doug Harvey a été un défenseur d'exception. Pourquoi avoir retardé son intronisation au Temple de la renommée?

Lorsque le Temple de la renommée a décidé de l'introniser la saison suivante, Harvey, offusqué par ce qui s'était produit un an auparavant, a choisi d'ignorer cet honneur et, le jour de la cérémonie protocolaire, il est plutôt allé à la pêche. Il était également mécontent du fait que le Temple de la renommée a tardé à introniser Busher Jackson, une ancienne vedette des Maple Leafs, qui a vécu des moments difficiles et a souffert d'alcoolisme. Jackson s'est retiré du hockey en 1944, mais il n'a été intronisé qu'en 1971. « Ce qu'ils me disent c'est qu'ils refusent ma candidature parce que j'aime goûter au nectar des dieux de temps à autre, a-t-il déclaré à l'époque. La différence, c'est que moi je prends en verre devant tout le monde, alors que les autres se cachent pour faire de même. »

CONTRE CONN SMYTHE
FRANK SELKE

L'une des meilleures transactions de l'histoire des Maple Leafs a donné naissance à une querelle interne qui a marqué l'histoire de la concession. De la fin des années 1920 à la fin des années 1950, peu de choses pouvaient se produire dans l'environnement des Leafs sans le consentement de Conn Smythe ; l'homme régnait sans partage.

Dès le début de son mandat à la tête des Leafs, Smythe a posé un geste audacieux en attirant Frank Selke, un des meilleurs cerveaux du hockey, dans le giron torontois. Les deux hommes avaient des atomes crochus et étaient liés par une passion commune pour le hockey. De plus, ils avaient tous deux un don pour déceler les jeunes joueurs prometteurs. « Il y avait une véritable camaraderie entre les deux hommes et, sans doute, une admiration mutuelle, explique Kevin Shea, directeur des publications et du site Internet du Temple de la renommée du hockey. Ils connaissaient le hockey dans la région de Toronto comme personne d'autre et c'est sans doute l'une des principales raisons pour lesquelles ils ont fait équipe. »

> « Selke était un type talentueux et ses aptitudes n'allaient pas être reconnues à Toronto. » –D'Arcy Jenish

Une des premières et des plus importantes contributions de Selke à l'organisation des Leafs découle de sa formation d'électricien. Grâce à ses contacts au sein du syndicat, Selke a joué un rôle majeur dans la construction du Maple Leaf Gardens que d'aucuns considéraient comme étant impossible à réaliser. À cette époque, les titres n'avaient pas autant d'importance qu'aujourd'hui, alors, disons que Selke était essentiellement le bras droit de Smythe. Lorsque celui-ci partit pour le front en Europe pendant la Seconde Guerre mondiale, Selke s'est vu confier la responsabilité de l'ensemble des décisions de hockey de l'équipe. Toute transaction devait cependant être approuvée à distance par Smythe.

En septembre 1943, Selke effectue des démarches en vue d'acquérir un jeune joueur de centre du nom de Ted Kennedy des Canadiens de Montréal. En échange, il offre le défenseur Frank Eddolls, que les Canadiens avaient échangé aux Leafs trois ans auparavant. Selke tente sans succès de joindre Smythe et, après avoir consulté Hap Day, un autre membre influent de l'administration des Leafs, Selke va de l'avant et conclut la

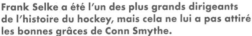

Frank Selke a été l'un des plus grands dirigeants de l'histoire du hockey, mais cela ne lui a pas attiré les bonnes grâces de Conn Smythe.

transaction qui permet à Toronto de mettre la main sur l'un des plus grands joueurs de l'histoire de la franchise. Dans son esprit, cet échange devait se faire pour le bien de l'équipe. « Selke discute avec ses collaborateurs, incluant Day, et conclut la transaction, explique Shea. Mais Smythe ne l'a jamais digéré, malgré le fait que ce soit sans doute la transaction la plus avantageuse réalisée par les Leafs à cette époque. »

Pour Smythe, qui valorisait la loyauté par-dessus tout, Selke lui avait joué dans le dos avec le but de prendre le contrôle des Leafs pendant son absence. Blessé par cette accusation et épuisé par les méthodes totalitaires de Smythe, Selke aurait gribouillé une lettre de démission dont le contenu ressemblait à ceci : « Lincoln a libéré les esclaves il y a plus de 80 ans. Merci beaucoup. J'ai aimé travailler avec vous. »

Il est inutile de savoir si cette anecdote cache dans les faits le congédiement de Selke. Ce qui a plus d'importance, c'est qu'en 1946, il a été embauché comme DG à Montréal et s'est attelé à mettre sur pied un réseau de filiales semblable à celui qu'il avait développé à Toronto. Compte tenu des connaissances que Selke avait du hockey et de l'ambition qu'il nourrissait, il y a fort à parier que sa querelle avec Smythe n'ait fait que précipiter une inévitable séparation. « Selke était un type talentueux et ses aptitudes n'allaient pas être reconnues à Toronto, explique D'Arcy Jenish, un historien du hockey qui a écrit le livre *The Montreal Canadiens : 100 Years of Glory*. Il a fini par mettre la main sur le meilleur poste disponible avec le meilleur employeur, le sénateur Donat Raymond. Le conseil d'administration, à Montréal, a donné à Selke un mandat clair : constituer une bonne équipe. La devise était : "Allons de l'avant et bâtissons un empire." »

> Pour Smythe, Selke lui avait joué
> dans le dos avec le but de prendre le
> contrôle des Leafs pendant son absence.

Entre 1947 et 1951, le travail que Selke avait fait avec les Leafs a porté ses fruits lorsque l'équipe a remporté quatre Coupes Stanley en cinq saisons. Le fait que Toronto a connu du succès tout de suite après son départ a quelque peu porté ombrage à l'importance de sa venue à Montréal. Mais lorsque les Canadiens ont commencé à bénéficier du réseau mis en place par Selke, son talent pour bâtir des équipes de pointe est devenu clair aux yeux de tous. Smythe et Selke ont pu coexister dans une ligue à six équipes et ils ont même travaillé ensemble en 1961 à la création du Temple de la renommée du hockey. En fait, ces deux hommes avaient des personnalités contrastantes : Selke était plus calme et pondéré, alors que Smythe voyait les choses de manière plus tranchée. « Smythe n'était pas très nuancé, précise Shea. Les choses étaient noires ou blanches, jamais grises. Oui, leurs personnalités étaient fort différentes. »

CONTRE LIGUE AMÉRICAINE
LIGUE INTERNATIONALE

Durant les années 1990, un des plus intenses affrontements du monde du hockey n'impliquait pas des individus ou des équipes, mais opposait plutôt deux ligues rivales qui se sont livré une guerre sans merci dont l'enjeu était la suprématie du hockey mineur. Les coups bas se sont multipliés d'un côté comme de l'autre pendant plusieurs années, jusqu'en 2001. Croulant alors sous le poids des dépenses contractées pour soutenir la lutte, la Ligue internationale a finalement dû cesser ses activités.

Dave Andrews, président et chef de la direction de la Ligue américaine, se souvient des événements : « Il y a eu des échanges très acerbes, entrecoupés de quelques tentatives de rapprochement, quand les autorités de la Ligue internationale ou le commissaire du moment nous ont offert de joindre leurs rangs. Lors des négociations, j'ai dû jouer le rôle du défenseur des intérêts du sport alors que les autres étaient surtout intéressés

Quand la Ligue internationale a cessé ses activités, le Moose du Manitoba a, comme d'autres équipes, rejoint les rangs de la Ligue américaine.

par le côté purement commercial de cette éventuelle fusion. » Bien au fait des dessous financiers des deux organisations, en particulier de l'expansion record de 5 M$ de la IHL au début des années 90, Andrews a poliment décliné l'offre. À son apogée, la Ligue internationale comptait 18 équipes et prétendait même rivaliser en popularité avec la LNH. Bob McNamara, DG des Griffins de Grand Rapids, qui œuvrait auparavant au sein de la franchise de Cleveland dans l'IHL, a déclaré à ce sujet : « Je me rappelle qu'à cette époque, l'accent était surtout mis sur l'aspect "divertissement abordable" plus que sur le sport lui-même. L'expansion a été rapide et spectaculaire, mais s'est faite dans certains marchés peu propices au développement du hockey. Sans viser qui que ce soit, je dirais que la Ligue a grandi beaucoup trop vite et certains ont pensé qu'ils pourraient attirer la clientèle traditionnelle de la LNH. De toute évidence, ils se sont trompés. »

Avant même leur dernière saison en 2000-01, les dirigeants de l'IHL avaient déjà réalisé leur erreur et renoué les liens avec la LNH pour que les 11 équipes restantes de la ligue servent de clubs-écoles pour les villes du grand circuit. Ainsi, en 1999, les Sénateurs d'Ottawa, malgré une entente contractuelle avec la Ligue américaine, avaient accepté de déplacer leur club-école à Grand Rapids dans le circuit rival. « Nous avons facilité leur décision, puisque la pénalité pour une rupture de contrat s'élevait à seulement 15 000 $ », affirme Andrews, qui a vite réagi à cette défection en augmentant rapidement le montant de la pénalité pour éviter d'autres mésaventures du genre : « Nous avons été en compétition avec l'IHL dans plusieurs marchés, mais c'est la seule bataille que nous ayons perdue. »

En fait, Andrews avait avalé de travers cet affront et était bien décidé à raffermir la position de sa ligue. Interrogé à propos de la rumeur de tenir un match des étoiles conjoint avec l'IHL, il rétorqua sèchement :

> « C'était une ligue formidable animée par plusieurs grandes rivalités, mais la faillite était prévisible. »
> - Doug Moss

« Pourquoi voudrions-nous nous associer à des gens qui essaient de nous voler notre gagne-pain ? » Selon Mark Chipman, gouverneur du Moose du Manitoba (IHL), cette version n'est pas tout à fait exacte : « En fait, notre position était claire. Nous voulions prendre le contrôle et nous nous disions "Allez au diable avec votre match des étoiles !" » McNamara seconde ces propos : « Je pense que les dirigeants de l'AHL nous considéraient vraiment comme des ennemis et comme une menace à leur ligue et nous avons réalisé l'ampleur de cette animosité seulement quand nous avons rejoint leur circuit. » Andrews est encore plus explicite : « C'était une question de survie. Nous devions défendre notre territoire même si nous n'avions pas les ressources financières de l'IHL pour développer de nouveaux marchés et nous implanter à notre guise. »

La compétition était tout aussi féroce pour attirer les meilleurs joueurs disponibles et les agents profitaient de la surenchère pour leurs vétérans. Les hauts dirigeants de l'AHL savaient bien que le circuit rival ne pourrait pas continuer longtemps ainsi. Comme le dit Doug Yingst, DG des Bears de Hershey (AHL) : « Il ne fait aucun doute que la Ligue internationale offrait de meilleures conditions salariales et, la plupart du temps, nous ne pouvions rivaliser avec leurs offres. Mais, économiquement parlant, leur stratégie n'était pas viable, ne serait-ce qu'en raison des frais de déplacement. Leur circuit était solide, mais nous avons compris après coup que leurs équipes se faisaient la guerre entre elles bien plus que contre nous. »

Dans les dernières années, ces luttes fratricides ont sonné le glas du circuit. Certaines équipes perdaient de l'argent et d'autres voulaient partir. Certains clubs ont suspendu leurs activités ; certains gouverneurs voulaient s'affilier à la LNH alors que d'autres s'y refusaient. Le dernier commissaire de l'IHL, Doug Moss, a été nommé en 1998. « C'était une ligue formidable animée par plusieurs grandes rivalités, mais la faillite était prévisible, se souvient-il. Les frais de déplacement étaient comparables à ceux de la LNH, sans les revenus de cette dernière. Il était simplement impossible de continuer ainsi. »

En fin de compte, la Ligue américaine a gagné parce que le plan mis en place par Andrews, dès son arrivée en 1994, était meilleur. Dans le but d'attirer l'intérêt des équipes de la LNH, il s'est assuré que son circuit soit clairement identifié comme une ligue de développement. Profitant du fait que le contrat entre les joueurs d'âge mineur et la ligue était échu, il a imposé, en dépit des protestations, une nouvelle entente qui limitait le nombre de vétérans par équipe. Ces derniers ont contesté la nouvelle réglementation devant la Commission nationale des relations de travail, mais puisqu'aucun d'entre eux n'avait perdu son poste, la Commission donna raison à Andrews, qui put aller de l'avant et implanter la vocation de développement de la Ligue américaine. « Nous savions ce qu'il fallait faire, mais il fallait améliorer notre produit. Nous sommes une ligue de développement pour les clubs de la LNH et nous serons la meilleure ligue, point final. »

> À son apogée, la Ligue internationale comptait 18 équipes et prétendait même rivaliser en popularité avec la LNH.

La guerre s'est terminée lors de négociations secrètes entre Chipman et le gouverneur Francis Croak, des Admirals de Milwaukee (IHL), pavant la voie, en 2001, à l'arrivée dans l'AHL des équipes Grand Rapids, Chicago, Milwaukee, Utah, Houston et Manitoba. Andrews avait tout aussi discrètement mené les pourparlers avec les 20 équipes existantes de son circuit pour que chacune d'entre elles soit associée à un club de la LNH. Il a atteint son objectif en 2010 puisque les 30 équipes qui forment l'AHL sont désormais affiliées aux 30 équipes de la LHN.

CONTRE CANADIENS DE MONTRÉAL
MAPLE LEAFS DE TORONTO

Selon un adage populaire, les Montréalais vivent dans l'attente du vendredi soir alors que les Torontois rêvent au lundi matin. L'idée même que
l'expression *joie de vivre* soit plus tangible à Montréal est logique
puisque, après tout, la métropole est majoritairement francophone. Toronto, centre des affaires et des financiers cravatés, sera toujours plus
« sérieuse » alors que Montréal est nettement plus décontractée. Cet enthousiasme bon enfant se reflète également au hockey, alors que les
Canadiens ont l'ascendant sur les Maple Leafs depuis une bonne qua-
rantaine d'années, les dominant sans vergogne depuis l'expansion ori-
ginale de 1967. En somme, la rivalité existe toujours, mais repose sur le
folklore des années passées davantage que sur la confrontation actuelle
entre les deux clubs.

Les deux grands rivaux n'ont pas croisé le fer en séries éliminatoires
depuis 1979, ce qui n'apaise en rien la haine viscérale que les partisans
des deux formations se vouent encore, même si elles ont rarement été au
diapason l'une de l'autre en termes de qualité ; il y a toujours de l'électricité dans l'air quand les Leafs débarquent à Montréal, même quand il
n'y a aucun enjeu réel.

Les partisans des Leafs envahissent les rues de Montréal durant la journée, mangent un bon *smoked meat* de chez Schwartz à l'heure du
lunch, chahutent les amateurs montréalais dans les sièges au rabais
durant le match et font la tournée des bars après la rencontre. On peut
à peine imaginer l'ambiance folle qui régnerait si les deux clubs se
rencontraient à nouveau en finale de la Coupe Stanley, ce qui ne s'est
pas produit depuis l'étonnante victoire des Leafs en 1967, leur dernière
conquête du titre.

> La rivalité a pris naissance en 1946,
> quand Frank Selke a quitté les Leafs
> pour aller rebâtir la franchise alors
> chancelante des Canadiens.

Depuis ce temps, les Canadiens ont remporté les grands honneurs à
10 reprises. Pendant l'histoire de la concession, les Glorieux revendi-
quent 90 trophées individuels contre 34 attribués aux joueurs des Leafs ;
Toronto ne compte aucun lauréat du trophée Norris, tandis que le

Les Canadiens et les Maple Leafs, les deux équipes les plus célébrées au Canada, offrent toujours des matchs intenses.

Tricolore en abrite 11 ; les Canadiens ont remporté à 16 occasions le titre de joueur le plus utile à son équipe (deux seulement pour les Leafs) et 28 trophées Vézina, soit 22 de plus que les gardiens torontois. Maigre consolation, les joueurs à la feuille d'érable ont remporté 9 trophées Lady Bing (attribués aux joueurs les plus gentilshommes) contre seulement deux pour les « méchants » Montréalais.

Il n'en a pas toujours été ainsi. Avant l'expansion, la rivalité entre les deux clubs était féroce. En 1967, les Canadiens avaient remporté la Coupe les deux années précédentes et devaient vaincre à nouveau en 1968-68 et en 1969-70 ; n'eût été la défaite contre Toronto, ils auraient de nouveau aligné cinq titres consécutifs ; une blessure encore vive dans le cœur des plus vieux partisans du Tricolore. D'autant plus que Montréal accueillait également l'exposition universelle, *Terre des Hommes*, la même année. Après la victoire inattendue de 1967, *The Hockey News* écrivait d'ailleurs : « Les Maple Leafs de Toronto remportent la Coupe Stanley presque aussi souvent que les Canadiens. »

La rivalité a pris naissance en 1946, quand Frank Selke a quitté les Leafs pour aller rebâtir la franchise alors chancelante des Canadiens. Selke, assistant du légendaire Conn Smythe à Toronto, avait assuré l'intérim quand ce dernier était parti pour le front lors de la Seconde Guerre mondiale. À son retour, Smythe a pris ombrage de la présence de son subalterne. Il l'accusa de tenter de lui voler son poste, surtout que ce dernier avait échangé Frank Eddolls aux Canadiens (contre les droits sur Ted Kennedy) sans sa permission. Dans son livre *If You Can't Beat 'Em in the Alley*, Smythe, relate l'épisode : « Eddolls s'était enrôlé dans l'armée de l'air peu après avoir signé son contrat avec nous et j'ai trouvé dégueulasse le fait d'échanger un joueur qui s'apprêtait à partir se battre à l'étranger. »

En dépit du fait que Kennedy devint l'un des meilleurs joueurs de l'histoire des Leafs, alors qu'Eddolls ne passa que trois années peu productives avec les Canadiens, Selke fut congédié par Smythe et mit aussitôt le cap sur Montréal, dont il fit, en peu de temps, l'une des puissances de la Ligue. S'ensuivit alors toute une série d'incidents disgracieux. En 1949, Ken Reardon, des Canadiens et Cal Gardner, des Leafs, entamèrent, si l'on en croit la description de THN, un duel à coups de bâton d'une barbarie sans précédent. Gardner brisa son bâton sur le dos de Reardon et ce dernier fit de même, avant de briser la mâchoire de son adversaire d'un solide coup de poing. Il regretta son geste, promettant deux ans plus tard d'aller serrer la main de son rival dans le vestiaire des Leafs. Gardner répondit que Reardon pouvait bien rester chez lui. Quand on lui fit remarquer son attitude belliqueuse, il déclara sèchement : « C'est lui qui m'a agressé, non ? »

Lors de la saison 1951-52, Maurice Richard et Bill Juzda s'affrontèrent et le Rocket assomma son rival d'un seul coup de poing, le faisant chuter sur la glace en pleine face, les bras croisés devant lui. Le malheureux avait, à tort, voulu intervenir dans une altercation entre Richard et Fern Flaman, et le célèbre marqueur des Canadiens ne témoigna aucune sympathie à l'égard de Juzda après coup. Il déclara plutôt au reporter de *The Hockey News* : « La bataille ne le concernait pas, ça se passait entre Flaman et moi. La prochaine fois, il se mêlera de ses affaires. »

> En 1951-52, Maurice Richard et Bill Juzda s'affrontèrent et le Rocket assomma son rival d'un seul coup de poing.

Juzda, pour sa part, a déclaré : « Jamais Richard n'a frappé un autre joueur qui ne faisait que regarder, mais bon Dieu que ce gars-là frappe fort ! » Lors du même match, Juzda avait également eu maille à partir avec Émile « Butch » Bouchard et le capitaine des Canadiens n'avait guère apprécié l'incident : « Il m'a mordu et a failli m'arracher un doigt. Je vais demander au président de la Ligue [Clarence Campbell] s'il va l'obliger à porter une muselière lors de notre prochain match. »

De nos jours, les rencontres entre les «deux solitudes» sont nettement plus civilisées. On a même entendu les partisans des Glorieux chanter l'hymne national canadien en anglais lors des séries de 2010. Mais ces bons sentiments pourraient rapidement s'estomper si les deux clubs se rencontraient de nouveau en séries éliminatoires. En attendant, les partisans des Maple Leafs peuvent toujours se consoler en se disant que leurs favoris détiennent une avance de 3-2 lors des confrontations en finale de la Coupe Stanley.

CANADA
URSS

CONTRE

Dans l'histoire du sport international, peu de rivalités ont été aussi intenses et mythiques que les confrontations entre le Canada et l'URSS au hockey sur glace. Dominations et effondrements. Boycottages. Séries du siècle. Super Séries. Coupes Canada. La bataille en règle de Piestany. Tous ces événements ont créé une aura unique autour de ces deux superpuissances du hockey. Combativité et intensité : voilà deux qualificatifs qui résument bien toutes les rencontres Canada-URSS et alimentent le romantisme dans lequel baigne cette rivalité depuis plus de 70 ans. Avec la chute du rideau de fer en 1989, la mondialisation du sport et le calme relatif que l'on connaît sur la scène politique, la rivalité s'est quelque peu émoussée. Aujourd'hui, on ne se demande plus qui sont ces joueurs ; on se demande qui gagnera.

Il fut un temps où le Canada était virtuellement imbattable au hockey. De 1920 à 1952, les équipes canadiennes ont remporté toutes les médailles d'or olympiques sauf une, en 1936, alors que la Grande-Bretagne avait remporté les grands honneurs grâce à une équipe bourrée de joueurs canadiens. De 1930 à 1952, le Canada a remporté 10 des 12 Championnats mondiaux auxquels il a participé.

Lorsque l'Union Soviétique a fait son entrée sur la scène internationale du hockey, ce fut comme si des extraterrestres venaient de se poser sur Terre. En 1954, l'URSS fit une première apparition au Championnat mondial et son équipe remporta le titre haut la main. Les Soviétiques terminèrent le tournoi avec une fiche de 6-0 et un écart de +27 entre les buts comptés et alloués. Le Canada, quant à lui, s'était classé deuxième. La graine d'une grande rivalité venait d'être semée.

L'année suivante, les Canadiens ont rebondi, remportant l'or et marquant 60 buts de plus que leurs rivaux, incluant une victoire de 5-0 contre l'URSS dans la partie pour la médaille d'or. Cette victoire a toutefois marqué la fin des lessivages réussis par les équipes canadiennes contre les Soviétiques.

En remportant la médaille d'or à Cortina d'Ampezzo (Italie) en 1956, les joueurs soviétiques ont mis un terme à la domination olympique du Canada et donné le coup d'envoi à une disette qui a duré plus de 50 ans. De 1963 à 1993, l'URSS a remporté 26 médailles d'or aux Olympiques et aux Championnats mondiaux ; 33 médailles en tout. L'URSS était à ce point dominante que le Canada s'est retiré de toute compétition internationale pendant les années 1970. Les Canadiens considéraient que les Soviétiques alignaient des joueurs professionnels dans des tournois d'amateurs. Cette position a fait en sorte que le Canada n'a pas participé au tournoi de hockey des Jeux olympiques de 1972 et 1976, pas plus qu'à une série de sept Championnats mondiaux. L'acrimonie envers l'URSS couvait sous les cendres.

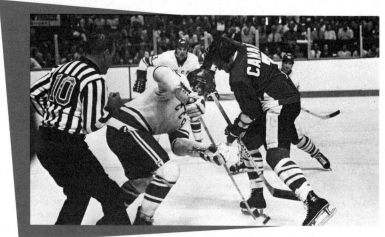

Pendant la Série du siècle, le hockey n'était pas le seul enjeu entre le Canada et l'URSS.

Alors que les joueurs amateurs canadiens étaient sur la touche, la population en général ne pouvait s'empêcher d'être humiliée de ne plus pouvoir prétendre dominer la scène mondiale du hockey. « Nous voulions prouver que le hockey était *notre* sport, affirme le défenseur canadien Brad Park. C'est nous qui avons développé ce sport et il nous était très difficile d'envisager que nous pouvions être battus par les Soviétiques sur la scène internationale. Nous savions que si on nous donnait l'occasion de mettre nos meilleurs joueurs sur la glace, les choses pourraient être différentes. »

Cette profonde blessure à l'ego national a donné naissance à un moment incroyable de l'histoire du hockey : la Série du siècle de 1972. Le Canada voyait cette série comme un moyen de se racheter – de prouver, une fois pour toutes, sa supériorité sur la glace. Les Soviétiques y voyaient une chance de justifier leurs récents succès – de prouver que leurs joueurs pouvaient battre les meilleurs hockeyeurs canadiens.

La plupart des amateurs connaissent l'histoire : les Canadiens – y compris les joueurs eux-mêmes – pensaient que la série serait une partie de plaisir ; un réchauffement de huit matchs avant le début de la saison de la LNH avec de petites vacances en Suède pour agrémenter le tout. La réalité fut, bien entendu, tout autre. Éventuellement remportée 4-3-1 par le Canada, cette série tout en montagnes russes a surpris tous les observateurs — sauf peut-être les Soviétiques —, par son calibre élevé. « Je crois qu'au début des années 1970, avec la multiplication des confrontations, tout le monde a réalisé à quel point les joueurs soviétiques étaient doués, se rappelle Lanny McDonald, qui a participé à la Coupe Canada de 1976. Nous savions que nous allions en avoir plein les bras. »

La Série du siècle s'est avérée un événement politique et patriotique qui a transformé à jamais le visage du hockey. Dans l'histoire de ce sport, on se souviendra de ces matchs comme étant les plus chaudement disputés. « Lorsque nous avons quitté le Canada, nous avions le dos acculé au mur, se souvient Park. Les médias nous fustigeaient de toutes parts, la population canadienne était mécontente, les Russes avaient l'air de héros et nous de truands. » Mais pour les joueurs, cette série n'avait rien de politique, avant qu'ils n'arrivent à Moscou.

Park, qui avait 24 ans à l'époque, se considérait comme très peu politisé, mais il reconnaît que cette série est devenue une affaire personnelle et politique dès qu'elle s'est déplacée vers Moscou. La nourriture et la bière étaient rationnées, les haut-parleurs dans les chambres se mettaient à diffuser de la musique en plein milieu de la nuit, les appels obscènes et les altercations avec les militaires soviétiques étaient fréquents. Les gars savaient comment faire fi de ces distractions, mais ce n'est pas le cas des quelques épouses qui avaient fait le voyage. Pour elles, ce fut l'enfer. Deux semaines avant de se rendre à Moscou, alors qu'ils étaient en Suède, les Canadiens ont été informés que leurs femmes allaient loger dans un hôtel différent du leur lorsqu'ils seraient dans la capitale soviétique. Les mauvais traitements se sont d'ailleurs poursuivis dès l'arrivée de la délégation canadienne en URSS. « C'est à ce moment-là que c'est devenu politique, explique Park. Les conjointes des joueurs ont été traitées comme de la merde. »

Évidemment, le public n'a pas été informé de tout ça, mais sur la glace, il a été témoin d'une guerre de titans entre deux styles diamétralement opposés : le jeu fluide, stoïque et contrôlé des Soviétiques contre le jeu émotif, physique et intense des Canadiens. La série est en quelque sorte devenue une métaphore de la guerre froide.

Denis Potvin a joué dans les séries de la Coupe Canada en 1976 et 1981. Il se souvient que les Soviétiques étaient des joueurs bien différents des vedettes actuelles de la LNH, qui sont souvent arrogantes, extraverties et imbues d'elles-mêmes. « Ils portaient le poids du rideau de fer sur leurs épaules et étaient sous la férule de l'Armée rouge, raconte Potvin. Pas beaucoup de place pour les fanfaronnades. Ces gars-là étaient différents. Ils étaient en contrôle de leurs émotions. Ils excellaient au hockey, mais ils étaient issus d'un tout autre régime. Aujourd'hui, des gars comme Ovechkin sont, à toutes fins utiles, nés libres. »

En 1972, l'équipe canadienne était dirigée par le bouillant Phil Esposito qui, dans le cadre d'une entrevue avec Johnny Esaw sur les ondes de la télé nationale après le quatrième match, a mis son âme à nu et demandé aux Canadiens de soutenir son équipe. L'entraîneur-chef, Harry Sinden, était appuyé par l'ancien homme fort de la LNH, John Ferguson. L'équipe canadienne comprenait également le coloré Don Cherry et Alan Eagleson, dont les frasques à Moscou ont fait les manchettes.

Tel que rapporté dans les pages de *The Hockey News* à l'époque : « Il est presque impossible de décrire l'émotion qui s'est emparée du Palais des sports de Moscou lors de cette mémorable série. Les 3000 amateurs canadiens qui assistaient aux matchs étaient hystériques et ils n'ont cessé de narguer les Soviétiques une fois que la victoire des leurs fut acquise. »

Dans les années qui ont suivi la Série du siècle, les meilleurs joueurs des deux pays ont le plus souvent croisé le fer, non pas aux Jeux olympiques ou lors des Championnats mondiaux, mais dans le cadre de matchs d'exhibition que les joueurs prenaient néanmoins au sérieux. En 1974, une deuxième – et nettement moins médiatisée – Série du siècle a été disputée entre des joueurs canadiens de l'Association mondiale de hockey et ceux de l'équipe nationale d'URSS. Puis, au cours de la saison 1975-76, le club de l'Armée rouge et celui des Ailes soviétiques (Krylia Sovetov) de Moscou ont voyagé en Amérique du Nord pour disputer la Super Série contre huit équipes de la LNH. Le match de la veille du Jour de l'An entre les Canadiens de Montréal et l'Armée rouge est encore considéré comme une des plus belles pages de l'histoire du hockey.

En 1976, la première Coupe Canada – mettant en vedette les meilleurs joueurs du Canada, d'URSS, de Tchécoslovaquie, de Suède, de Finlande et des États-Unis – a été remportée par le pays hôte. Après avoir terminé au second rang en 1981, les Canadiens ont remporté trois autres titres, alors que les Soviétiques ont remporté les grands honneurs une fois et ont terminé au second rang une fois. Les deux grands rivaux se sont rencontrés à deux reprises en finale de cette compétition, partageant les honneurs. Jusqu'en 1991, la Coupe Canada opposait les meilleurs joueurs au monde. Bobby Orr, Vladislav Tretiak et Wayne Gretzky ont été tous les trois nommés « joueur le plus utile » du tournoi et ils ont ouvert la voie à la participation des joueurs professionnels aux Jeux olympiques.

« Lors de la série Coupe Canada de 1976, je me souviens que nous étions dans un état d'esprit bien spécial, explique Potvin, membre du Temple de la renommée du hockey et triple lauréat du trophée Norris. Et ce n'étaient pas que les Russes. Il y avait aussi les Tchèques, une autre équipe qui évoluait derrière le rideau de fer, qui nous turlupinaient. »

> Le match de la veille du Jour de l'An entre les Canadiens de Montréal et l'Armée rouge est encore considéré comme une des plus belles pages de l'histoire du hockey.

Les séries qui ont marqué les années 1970 (Séries du siècle, Super Séries et Coupes Canada) ont donné lieu à l'une des plus grandes rivalités de l'histoire du hockey, une véritable légende, aussi vivace au Canada qu'en URSS. « Pas de doute, affirme Michel Goulet, membre du Temple de la renommée qui a également participé aux Coupes Canada de 1984 et 1987, c'est 1972 qui a donné le coup d'envoi à cette rivalité. »

Récemment, le Canada et les États-Unis ont développé ce que d'aucuns considèrent comme étant *la* rivalité internationale du XXIe siècle au hockey. Mais même si les rencontres Canada-Russie sont un peu moins explosives que par le passé, les matchs opposant ces deux pays continuent de susciter les passions. Cette lutte pour la suprématie a été forgée dans les années 1970 et elle durera tant que nous jouerons au hockey. « Ils sont toujours russes et nous sommes toujours canadiens, affirme Denis Potvin. Le désir de dominer est toujours présent entre nous. »

SIDNEY CROSBY
ALEXANDER OVECHKIN

**Sidney Crosby et Alexander Ovechkin sont condamnés
à rivaliser de talent.**

L'un est le fils d'un champion olympique, l'autre est la progéniture d'un
gardien de but qui n'a jamais joué dans la LNH. Le premier a grandi
dans l'une des plus grandes villes de la planète, le second dans une
petite ville de la Nouvelle-Écosse. L'un a un compte bancaire légèrement
plus garni et plusieurs trophées individuels, l'autre a une médaille d'or
olympique et une Coupe Stanley pour le réchauffer la nuit. L'une des
meilleures choses à propos de la rivalité entre Alex Ovechkin et Sidney
Crosby, c'est qu'elle n'en est qu'à ses débuts. Si les deux joueurs évitent
les blessures sérieuses, on pourrait se régaler de cette compétition féroce
pour encore 10 ou 15 ans.

Crosby et Ovechkin ne se connaissent pas très bien. Ils se sont rencontrés seulement à quelques occasions hors de la patinoire. Quant à leurs
rendez-vous sur la glace, ce ne sont assurément pas les échanges musclés qui les caractérisent. La beauté de cette rivalité réside dans les aptitudes des deux opposants ; ils sont extrêmement talentueux et leur niveau

de passion dépasse les limites. N'hésitant jamais à foncer au filet, Crosby et Ovechkin possèdent la capacité et le désir d'apporter leur contribution dans un match.

Durant leurs cinq premières saisons dans la LNH, les deux joueurs ont atteint le plateau des 100 points à quatre reprises. Un mince total de 23 points séparait leur fiche cumulative pour cette période. Le capitaine des Penguins a enchaîné les succès collectifs tandis qu'Ovechkin a remporté, en 2005-06, un trophée que Crosby n'aura jamais plus la chance de mériter : le Calder. Depuis le début de leur carrière, ils se sont affrontés à 26 occasions, incluant les séries éliminatoires. Crosby a manqué un duel en saison régulière pour cause de blessure. Pittsburgh a remporté 10 des 11 premiers affrontements en saison régulière, avant que Washington ne gagne sept des huit suivants. En 2009, les Penguins ont éliminé les Capitals en deuxième ronde du tournoi printanier. Au cours de ces 26 parties, Crosby a récolté 20 buts et 46 points ; Ovechkin, 23 buts et 42 points.

> **«Qu'est-ce que je peux dire à propos de Crosby? C'est un bon joueur, mais il parle trop.» - Alexander Ovechkin**

Ni l'un ni l'autre ne semble impressionné par son opposant, et la rivalité est encore plutôt calme et civilisée. Certains soirs, l'intensité entre les deux joueurs monte de quelques crans. Par exemple, lors de la victoire de 5 à 2 de Washington le 22 février 2009. Avant la partie, les Penguins et Crosby avaient prétendu qu'un coup d'Ovechkin à son endroit lors du match précédent était vicieux. Commentant le penchant de Crosby à se plaindre aux officiels, Ovechkin avait déclaré : «Qu'est-ce que je peux dire à propos de lui? Il est un bon joueur, mais il parle trop. Je joue dur. S'il veut me frapper, qu'il essaie de m'attraper. S'il y a un joueur salaud parmi nous, ce n'est pas moi. Je ne donne pas de coups salauds, je suis seulement intense. S'il n'apprécie pas mon style de jeu, c'est son problème.»

Crosby a répliqué en disant qu'il était loin d'être impressionné par les célébrations d'Ovechkin après ses buts. «Qu'on le veuille ou non, c'est dans sa nature. Certaines personnes aiment ça, d'autres non. Personnellement, je n'apprécie pas», a mentionné Crosby. Cette rivalité regorge d'exploits réalisés par les deux joueurs. Comment oublier la deuxième partie de la série entre Pittsburgh et Washington, en 2009, quand Crosby et Ovechkin ont chacun inscrit un tour du chapeau dans un gain de 4 à 3 des Capitals?

« Si les amateurs ne doivent se rappeler qu'une seule chose à propos de cette rivalité, il faut que ce soit la passion qui nous habite », espère Crosby. Et ce, même s'ils l'expriment différemment. Quand Ovechkin marque un but important, la planète entière est au courant. Il se lance souvent dans la baie vitrée, ou, comme après avoir marqué son 50e but en 2008-09, il exécute une chorégraphie tout à fait à l'opposé de ce qu'on est habitué de voir dans l'univers trop sérieux de la LNH.

Pourriez-vous imaginer Crosby être si exubérant? La plupart du temps, il ne fait qu'enlever son protecteur bucal et ouvrir ses bras pour accueillir ses coéquipiers. La différence entre les deux joueurs est frappante. Même durant les célébrations, Ovechkin est plutôt individualiste, alors que Crosby attend ses coéquipiers avant de festoyer. Ces façons de faire ne sont pas bonnes *ou* mauvaises ; elles ne font qu'illustrer la différence entre deux personnalités. Il sera intéressant de voir comment évoluera cette rivalité, particulièrement si Crosby continue de dominer Ovechkin sur le plan des honneurs collectifs. Rien n'indique que Pittsburgh ou Washington connaîtront des difficultés au cours des prochaines saisons, donc on peut prévoir que les deux vedettes partageront plusieurs réussites dans le futur.

« Si les amateurs ne doivent se rappeler qu'une seule chose à propos de cette rivalité, il faut que ce soit la passion qui nous habite. » - Sidney Crosby

Chaque fois que la situation le nécessite, Ovechkin et Crosby élèvent leur jeu d'un cran. Ils sont toujours au cœur de l'action et ne se fondent jamais dans le décor. Voilà l'essentiel d'une bonne rivalité ! Questionné à propos de ses sentiments envers Ovechkin, Crosby répond qu'il n'entretient aucune haine envers lui, mais qu'ils ne sont pas pour autant à la veille de s'échanger des cartes d'anniversaire. « C'est comme me demander si je pouvais être ami avec cinq gars des Flyers. Il y a peu de chances que ça se produise. Dire que l'on se déteste, je ne le crois pas. Mais comme nous sommes tous les deux compétitifs, c'est normal que nos affrontements provoquent des flammèches. » À la même question, Ovechkin réplique : « Je le respecte en tant qu'individu, mais quand j'embarque sur la patinoire, je ne respecte que mes coéquipiers. »

ERIC LINDROS
LES NORDIQUES DE QUÉBEC

CONTRE

Pour Eric Lindros, il s'agissait d'une simple décision d'affaires. Il en est allé de même pour les Nordiques de Québec, qui ont fait leur affaire de haïr passionnément Lindros. Joueur junior le plus convoité depuis les Lemieux, Gretzky et Bobby Orr, Lindros avait pourtant annoncé ses couleurs et déclaré qu'il ne jouerait jamais pour le club de Marcel Aubut, déclenchant dans la Vieille Capitale un tollé épique qui rappelait la bataille des plaines d'Abraham de 1759. Détenteurs du premier choix au repêchage amateur en 1991, les Nordiques ont quand même choisi Lindros, qui a de nouveau déclaré son refus de se rapporter à Québec, exacerbant ainsi le sentiment général de haine à son endroit. Carl Lindros, père du jeune hockeyeur, se souvient de la tension qui régnait : « Des caricatures montraient Eric affublé d'une tunique du Ku Klux Klan. C'est devenu une guerre linguistique et politique, mais ce n'était pourtant qu'une décision de hockey. »

Lors de la saison 1991-92, Lindros a porté les couleurs de l'équipe canadienne et participé aux Jeux olympiques de Lillehammer (Norvège) de 1992. Persuadé qu'il ne reviendrait pas sur sa décision, Aubut a fait

Le jour où Eric Lindros a été repêché a été un cauchemar pour lui-même et pour l'organisation des Nordiques.

une ultime tentative de convaincre le jeune prodige avant de l'échanger aux Flyers de Philadelphie lors du repêchage amateur de 1992. « Ils lui disaient : "Eric, viens à Québec et tu seras traité comme un dieu", se rappelle Carl Lindros. Mais mon fils n'a jamais voulu être un dieu. » En fait, Eric Lindros n'avait aucune envie de s'associer aux Nordiques à long terme : « Au cours d'une rencontre, Aubut a dit à mes parents que je deviendrais une meilleure personne si j'habitais au Québec et qu'il était prêt à signer un contrat à vie avec moi. Je me suis imaginé vêtu d'un chandail de prisonnier jusqu'à la fin de mes jours. »

L'échange déclencha une nouvelle controverse, car Aubut avait d'abord accepté la proposition des Rangers de New York avant de revenir sur sa parole et d'opter pour celle des Flyers. La Ligue dut trancher le débat en arbitrage ; en retour de Lindros, les Nordiques obtinrent Peter Forsberg, Ron Hextall, Mike Ricci, Steve Duchesne, Kerry Huffman, Chris Simon, deux choix de première ronde et une somme de 15 M$. L'échange accapara l'espace médiatique durant les semaines suivantes. Mais le pire restait encore à venir pour celui qui avait été affublé du surnom « The Next One » (faisant écho au surnom de Gretzky, « The Great One ») : sa première visite au Colisée de Québec dans l'uniforme des Flyers.

Bill Dineen, l'entraîneur de ces derniers, avait sagement retiré Lindros de la formation lors du match hors-concours entre les deux équipes, mais les tensions se sont de nouveau attisées lors de la première visite de Lindros à Québec en saison régulière ; des centaines d'amateurs vêtus de couches et de bonnets de bébé ont envahi l'amphithéâtre en agitant frénétiquement des hochets à l'endroit du numéro 88. Huffman se rappelle l'incident : « Le degré de haine des amateurs de Québec était incroyable et tout ce qui a entouré le match a tourné au cirque. Hextall, Ricci et moi en parlions et on s'est même demandé si les partisans tenteraient de l'assassiner. C'était la folie furieuse. »

> « Aubut a dit qu'il était prêt à signer un contrat à vie avec moi. Je me suis imaginé vêtu d'un chandail de prisonnier jusqu'à la fin de mes jours. » - Eric Lindros

Pour ajouter à la folie ambiante, une station de radio locale avait distribué des milliers de tétines pour bébés, qui furent promptement lancées sur la patinoire, à la stupéfaction de Dineen : « C'était dantesque. Je n'avais jamais rien vu de tel lors d'un match de hockey. »

BOB PROBERT
TIE DOMI

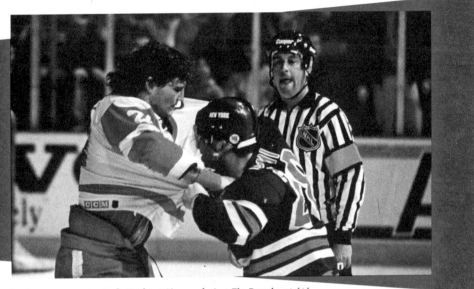

Les bagarres entre Bob Probert (à gauche) et Tie Domi ont été parmi les plus attendues et suivies de l'histoire du hockey.

C'était une lutte à ce point titanesque qu'elle éclipsait parfois même le sport du hockey. Deux des bagarreurs les plus craints et vénérés de leur époque, Bob Probert et Tie Domi, se sont battus à neuf reprises au cours de leur carrière, suscitant les passions chaque fois que leurs équipes respectives se rencontraient.

Probert, qui a entrepris sa carrière de justicier avec les Red Wings de Detroit, avait quelques années d'avance sur Domi et il était réputé comme le joueur le plus dur de la LNH. Son gabarit – 6 pieds, 3 pouces et 225 livres – y est sans doute pour quelque chose.

Domi, de son côté, ne mesurait que 5 pieds, 10 pouces, mais avec ses 207 livres, il était carré comme une brique. En tant que membre des Rangers de New York, celui que l'on surnommait « l'assassin albanais » voulait croiser le fer avec Probert pour montrer au milieu du hockey ce dont il était capable. Le 9 février 1992, le face à face s'est produit. « Tie était un jeune blanc-bec et il m'a dit : "Allez, Probie, donne-moi une chance de me faire valoir", s'est rappelé Bob Probert au cours d'une des dernières entrevues qu'il a accordées, avant son décès en 2010. J'ai acquiescé à sa demande, car c'est comme ça que j'ai appris à jouer au hockey. »

Le combat aura permis à chaque pugiliste de placer quelques coups solides, mais une suite de gauches assénées par Domi vers la fin de l'escarmouche lui a conféré un léger avantage. Alors qu'il était escorté vers le banc des punitions, Domi a mimé le geste de boucler une ceinture de boxeur autour de sa taille, se couronnant ainsi lui-même champion des poids lourds.

> **Même si Probert et Domi avaient l'air de bêtes sanguinaires sur la glace, les deux hommes forts se sont toujours respectés.**

Probert n'a pas trouvé ça drôle. « Ça ne se fait pas, a-t-il dit. J'en ai pris bonne note et j'ai consigné tout ça dans ma mémoire. » Lorsque les deux joueurs se sont rencontrés à nouveau, un an plus tard, Probert a défié Domi après seulement 37 secondes de jeu en première période. Cette fois, le joueur des Wings a eu le dessus très tôt dans le combat, assénant plusieurs droites à Domi avant que ce dernier ne se ressaisisse. « D'après Steve [Yzerman], j'ai remporté ce combat haut la main », a affirmé Probert.

Entre 1992 et 1998, les deux se sont battus neuf fois, dont trois combats en 1996, alors que Probert portait les couleurs des Blackhawks de Chicago et Domi celles des Maple Leafs de Toronto. « Il me faisait penser à Stan Jonathan ; centre de gravité bas, plutôt costaud, se rappelle Probert. Il essayait de se rapprocher le plus possible et de toucher la cible avec ses poings surdimensionnés. »

Même si Probert et Domi avaient l'air de bêtes sanguinaires sur la glace, les deux hommes forts se sont toujours respectés. En fait, avant que les vols nolisés ne deviennent monnaie courante, les équipes devaient souvent dormir à l'étranger après un match, ce qui multipliait les occasions pour les joueurs de se croiser à l'extérieur de la patinoire. « Un soir, je me suis battu avec Bob McGill sur la glace et je l'ai croisé dans un bar après le match, s'est souvenu Probert. Nous n'en avons même pas parlé. Il y a une règle non écrite qui veut que ces choses-là restent sur la glace. »

Domi et Probert se sont même rencontrés en 2009 sur les ondes de CBC en tant que concurrents de l'émission *Battle of the Blades*. « C'est un gars correct, a dit Probert. Nous rions du passé et n'entretenons aucun ressentiment. »

FLAMES DE CALGARY
OILERS D'EDMONTON

Connaissez-vous l'histoire du partisan qui demande à son ami de Calgary ce qu'il fera à la suite de la qualification des Oilers d'Edmonton à la finale de la Coupe Stanley en 2006 contre les Hurricanes de la Caroline ? « Tu dois encourager l'équipe de l'Alberta, j'imagine ? », demande-t-il. « Es-tu sérieux ? » répond le gars de Calgary. « Si les Oilers affrontaient l'équipe étoile des talibans, je créerais une bannière à l'effigie d'Al-Qaïda pour assister à la partie ! » Hyperbole boiteuse, mais qui représente bien la bataille de l'Alberta : de la haine à l'état pur entre les deux équipes de la province.

« Ça remonte à bien avant les Flames et les Oilers », précise Lanny McDonald, ancien joueur de Calgary originaire d'Hanna, en Alberta, et membre du Temple de la renommée. Il poursuit : « Au football, les Stampeders et les Eskimos défendent l'honneur de leur ville depuis plusieurs décennies. Edmonton est la capitale. Nous — je déteste dire nous — à Calgary, avons toujours considéré les gens d'Edmonton comme hautains. Quand les Oilers ont intégré la LNH en 1979 (après la dissolution de l'Association mondiale de hockey) et les Flames d'Atlanta sont déménagés à Calgary en 1980, la rivalité n'a pas pris de temps à éclater. Voilà l'un des meilleurs aspects du sport : on donne notre maximum pour faire gagner notre équipe et notre ville. Et on sait très bien que nos amis nous en parleront si l'on perd contre nos ennemis ! »

La rivalité entre les deux villes remonte à très longtemps. Quand d'importants gisements pétroliers ont été découverts dans la région de Calgary au début du siècle dernier, une compétition sur plusieurs plans s'est amorcée avec la capitale de la province, Edmonton. En sport, les équipes de hockey senior ont été les premières à se disputer la victoire. Par la suite, le football professionnel s'est établi à Calgary en 1948 et à Edmonton l'année suivante. La bataille de l'Alberta n'a commencé qu'à l'arrivée de la LNH dans les années 1980.

« Je me souviens de la première saison au vieux Corral. Dave Semenko avait tenté de frapper un joueur des Flames tandis que ce dernier était sur le banc de Calgary », raconte Rod Phillips, descripteur des matchs des Oilers durant de nombreuses années. « C'était la première saison où les deux équipes se rencontraient. La rivalité n'a pas pris de temps à s'établir ! Les parties étaient toujours très rudes. »

Quelques années plus tard, les Oilers ne dominaient pas seulement Calgary, mais la LNH au complet. Cela a forcé les Flames à devenir plus puissants. Le niveau d'intensité de la bataille de l'Alberta a atteint des sommets affolants dans les années 1980, alors que les Oilers ont remporté cinq Coupes Stanley en sept ans contre une pour les Flames, qui se sont aussi inclinés une fois en finale. Les duels entre les deux équipes étaient épiques.

La dynastie d'Edmonton était menée par Wayne Gretzky, Mark Messier, Jari Kurri, Paul Coffey, Glenn Anderson, Grant Fuhr et l'entraîneur-directeur général Glen Sather, tous des membres du Temple de la renommée. Mais ce sont les guerriers comme Dave Semenko, Marty McSorley, Don Jackson, Kevin McClelland, Lee Fogolin, Dave Hunter et Esa Tikkanen qui ont créé l'esprit de cette rivalité. Les Flames comptaient eux aussi sur un grand nombre de joueurs-vedettes : McDonald, Joe Nieuwendyk, Joe Mullen, Doug Gilmour et Al MacInnis. À l'instar des Oilers, l'apport de leurs joueurs de soutien était inestimable. Joel Otto, Jim Peplinski, Tim Hunter et Doug Risebrough, pour ne nommer que ces soldats, effectuaient le sale boulot dans les tranchées.

« Le pays au complet attendait avec beaucoup d'intérêt ces matchs parce qu'on assistait à de belles luttes. Les joueurs se détestaient. »
- Rod Phillips

« Comme les Oilers dévastaient tout sur leur passage, Calgary se devait de bâtir une équipe capable de rivaliser le plus possible avec eux, mentionne Otto. Gretzky était très difficile à contrer. Notre stratégie était de tout faire pour déconcentrer Messier. Calgary recherchait un gros joueur de centre, et cela m'a permis de mériter une place dans la Ligue. Je n'avais pas autant de talent que Messier, mais je pouvais jouer de robustesse contre lui. » Phillips ajoute : « Durant plusieurs saisons, Messier et Otto étaient comme des taureaux tentant de s'encorner. »

La bataille de l'Alberta s'échelonnait sur toute l'année, pas seulement durant la saison de hockey. « Le niveau de haine était très élevé, indique Peter Maher, le descripteur des matchs de Calgary. Auparavant, j'étais engagé dans l'organisation d'un tournoi de golf de charité l'été à Red Deer, afin d'amasser des fonds pour les Olympiques spéciaux. Mon travail consistait à convaincre des célébrités d'y participer. À l'époque,

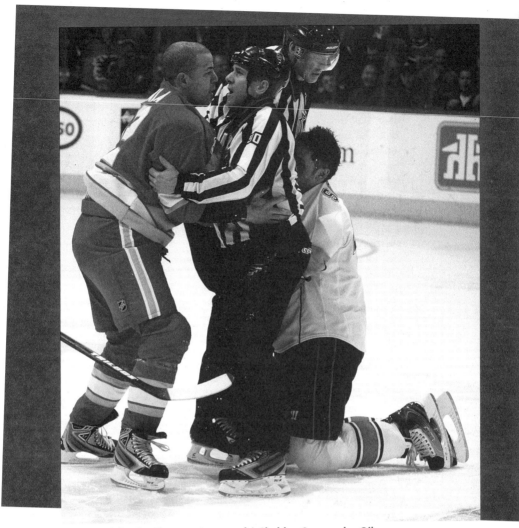

**Jarome Iginla, des Flames, s'en prend à Sheldon Souray des Oilers :
aucune surprise pour les Albertains !**

il y avait toujours environ cinq joueurs des deux équipes. Mais ils ne se
mélangeaient jamais ! Les joueurs des Flames restaient de leur côté, tout
comme ceux des Oilers. La veille du tournoi, durant le souper, on avait
vite compris qu'il fallait les garder séparés. »

La bataille de l'Alberta, durant les années 1980, a outrepassé les fron-
tières provinciales. Les affrontements Calgary-Edmonton étaient très pri-
sés à *Hockey Night in Canada* et à TSN. « Le pays au complet attendait
avec beaucoup d'intérêt ces matchs parce qu'on assistait à de belles
luttes. Les joueurs se détestaient », se souvient Phillips. À Edmonton ou à
Calgary, trouver des billets pour ces duels était impossible. Il fallait
même être chanceux pour dénicher une place dans un bar sportif, à
moins de s'y rendre en avance. Même les joueurs admettent que ces

matchs revêtaient une importance capitale. « Les gens nous demandaient souvent si l'on encerclait les dates de ces parties quand le calendrier était dévoilé, dit McDonald. On répondait non, expliquant que toutes les parties sont importantes. La bonne vieille cassette, quoi. En réalité, je surlignais les dates dès la sortie du calendrier ! On voulait savoir quand nous aurions à affronter nos rivaux pour être fin prêts. Même si nous ne le disions jamais, on savait tous à quelle date était le prochain duel. »

Dans chaque rivalité, un minimum de respect envers l'adversaire existe. Du moins, c'est ce que les joueurs avancent. Y avait-il du respect entre les Flames et les Oilers ? D'une certaine façon, oui. « Il y avait du respect, parce que, dans ce cas, les Oilers gagnaient les Coupes Stanley, et nous, les Flames, étions les chasseurs, souligne McDonald. Bob Johnson, notre entraîneur, a effectué un excellent travail dans les années 1980. Il ne nous préparait pas seulement à remporter la Coupe Stanley, mais à bâtir une équipe capable de vaincre Edmonton. Il répétait toujours : "Si l'on réussit à battre les Oilers, nous aurons d'excellentes chances de mettre la main sur la Coupe Stanley." »

Cela s'est presque produit en 1985-86. Les Oilers étaient favoris pour enregistrer un troisième triomphe consécutif, mais Calgary les a battus en deuxième ronde des séries ; le défenseur d'Edmonton, Steve Smith, a commis toute une gaffe ! Durant la troisième période du match ultime, il a marqué dans son propre filet. En finale, les Flames se sont finalement inclinés face aux Canadiens de Montréal. En 1987 et en 1988, Edmonton a de nouveau soulevé le précieux trophée, suivi par Calgary l'année suivante.

L'intensité de la rivalité a diminué durant les années 1990 quand les Oilers ont échangé plusieurs vedettes. Ils ont par la suite raté les séries quatre saisons de suite. Les Flames ont aussi reconstruit leur formation. À partir de la fin des années 1990, ils ont connu une séquence où ils ont raté une participation aux séries huit années sur neuf ! Bien sûr, chaque équipe tenait mordicus à l'emporter contre sa rivale, mais il est difficile de mousser une rivalité quand les deux organisations sont médiocres. « Ils n'ont jamais plus atteint le niveau d'intensité qui existait dans les années 1980, estime Maher. Je ne crois pas que ça se reproduira un jour. La mentalité des joueurs n'est plus la même. De nos jours, on voit des joueurs des Flames parler avec des joueurs des Oilers après les parties, en attendant les autobus. On n'aurait jamais pu assister à ce genre de scène à cette époque-là, alors qu'ils faisaient tout pour s'éviter. C'était imprégné dans leur code génétique. »

La bataille de l'Alberta concernait autant les joueurs que les partisans. Quand Calgary s'est rendu en finale de la Coupe Stanley contre Tampa Bay en 2004, des partisans des Oilers ont causé une grande controverse. Une partie d'entre eux ont eu le culot d'encourager l'équipe représentant leur province. « Plusieurs personnes à Edmonton ont installé des drapeaux des Flames sur leur voiture pour les soutenir, explique Maher. Et certains partisans des Oilers, en particulier lors des talk-shows, ont manifesté leur mécontentement. Pour eux, ils n'étaient que des traîtres. Ces gens répondaient qu'ils souhaitaient simplement encourager l'équipe de leur province, l'équipe de leur pays. Deux ans plus tard, quand Edmonton a atteint la finale à son tour, on a assisté au même spectacle à Calgary. Le logo des Oilers était bien visible. »

> Le niveau d'intensité de ce que l'on appelle communément la « bataille de l'Alberta » a atteint des sommets affolants dans les années 1980, alors que les Oilers ont remporté cinq Coupes Stanley en sept ans.

Durant la rivalité entre les Flames et les Oilers, il n'était pas question pour ces deux équipes de transiger entre elles. Cette politique a été abolie en 2009-10 quand Steve Staios est devenu le premier joueur à faire partie d'une transaction entre les deux équipes. Il a déménagé à Calgary après huit saisons à Edmonton. « Nous sommes des professionnels, a déclaré Staios après l'échange. Je n'ai aucun problème à entrer dans le vestiaire de Calgary. Je n'aurais pas dit cela quand j'étais avec les Oilers, mais je respecte énormément l'organisation des Flames. »

Les temps changent, quoi.

CONTRE PENGUINS DE PITTSBURGH
FLYERS DE PHILADELPHIE

Depuis plus de quarante ans, la rivalité entre les Penguins de Pittsburgh et les Flyers de Philadelphie semble être sans foi ni loi. Ce n'est pas un hasard si Herb Brooks, l'ancien entraîneur-chef des Penguins, a évoqué Jesse James, le légendaire hors-la-loi américain, durant les séries éliminatoires en 2000. En fin de partie, alors que le défenseur de Pittsburgh, Bob Boughner, se battait avec Keith Jones au centre de la patinoire, le défenseur des Flyers, Luke Richardson, a frappé la rondelle en direction de ce dernier et l'a atteint à la poitrine. Quand des journalistes ont demandé à Brooks de commenter la situation, il n'a pas mâché ses mots. « J'irais fouiller dans son arbre généalogique, a-t-il lancé. Richardson est peut-être le descendant du type qui a tué Jesse James. Vous savez, le lâche qui l'a tiré par derrière ? Ils doivent avoir des liens de parenté. Un code existe entre les hommes forts dans la Ligue, et ce coup a dépassé les bornes. »

Dépasser les bornes ? Cette description s'applique à un nombre incalculable d'incidents entre ces équipes depuis qu'elles ont toutes les deux rejoint la LNH en 1967-68, en compagnie de quatre autres formations. Pour que l'assertion soit juste, il faut considérer les morsures, les coups de bâton et les engueulades dans les couloirs comme dépassant les bornes.

Intéressons-nous aux morsures pour commencer (oui, il y en a plus d'une !).

En 2009, l'ailier gauche des Flyers, Scott Hartnell, a semblé prendre une bouchée de la main du défenseur des Penguins, Kris Letang, durant une mêlée le long de la bande. « Une première pour moi », a mentionné Letang. Pour se défendre, Hartnell a indiqué : « Plusieurs choses se produisent dans le feu de l'action. J'avais ses mains dans le visage, et on se bataillait. Je ne peux pas expliquer ce qui s'est passé. »

« Durant mes premières parties contre Philadelphie, j'ai perdu quelques dents. » – Sidney Crosby

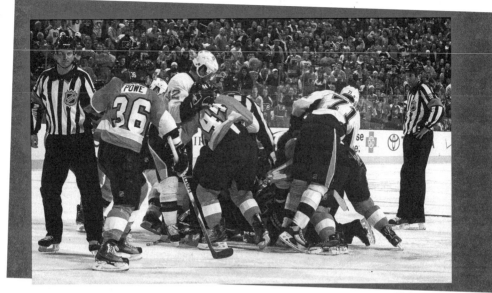

Les deux équipes de la Pennsylvanie ont développé une haine intense au fil des ans.

Fait amusant : Matt Cooke, ailier gauche des Penguins, n'avait pas non plus d'explications à fournir quand il a été accusé d'avoir mordu Arron Asham en 2010. « Ce n'est pas dramatique, mais ce gars manque de courage, a déclaré Asham. Je n'ai aucun respect pour lui. Je lui ai proposé de se battre contre moi et il a refusé. Si tu mords quelqu'un, tu dois assumer tes actes. À mes yeux, Cooke est un déchet de la société. »

Passons aux engueulades de couloir si vous le voulez bien. L'action se déroule après une victoire de 8 à 2 des Flyers en 2007, un match durant lequel 156 minutes de pénalité ont été décernées. Le dur à cuire des Flyers, Ben Eager, passe à côté de Michel Therrien, l'entraîneur des Penguins, et s'exclame : « Therrien, tu n'es qu'un bouffon derrière le banc ! » La réplique de Therrien était si virulente qu'on ne peut pas la publier. Durant le match, l'ailier gauche de 41 ans des Penguins, Gary Roberts, avait fait la peau au jeune Eager, âgé de 23 ans.

Malgré tout, ce n'est aucunement comparable à ce que le gardien des Flyers, Ron Hextall, a voulu faire subir à l'ailier des Penguins, Rob Brown, durant la finale de la division Patrick en 1989. Hextall n'a pas apprécié la façon dont Brown avait célébré après avoir marqué le but qui augmentait l'avance des Penguins à 9 à 2. Le gardien a littéralement pété les plombs. Tel Jason Voorhees dans le film *Vendredi 13*, il a tenté de le rattraper avec son bâton au-dessus de la tête. Brown s'est sauvé comme un écureuil terrifié. «Je n'ai jamais patiné aussi vite!», a reconnu Brown après la partie.

Enfin, impossible de passer sous silence la mise en échec de Darius Kasparaitis à l'endroit d'Eric Lindros. Le 7 mars 1998, au Civic Arena, le robuste défenseur a assommé la vedette des Flyers avec un coup d'épaule. Pendant que Lindros rampait sur la patinoire, la foule de Pittsburgh était en liesse. Comme si le scénario avait été écrit d'avance, les deux équipes s'affrontaient de nouveau le lendemain. Quand on demande à Robert Lang, alors membre des Penguins, de raconter ses souvenirs de ce match, il rigole. «Ils ont attaqué Darius à sa première présence», se remémore-t-il. Une vengeance «légale» derrière le filet de Pittsburgh. Kasparaitis est revenu au banc avec le sourire aux lèvres.

Quand le capitaine des Penguins, Sidney Crosby, a commencé sa carrière dans la LNH en 2005-06, il avait entendu parler de toutes ces histoires entre les deux équipes. «On m'a vite mis au courant, indique-t-il. J'avais déjà vu plusieurs matchs entre les Penguins et les Flyers, et, durant mes premières parties contre Philadelphie, j'ai perdu quelques dents.»

Les partisans des Penguins jugent que les Flyers sont des brutes sans cervelle. Pas des descendants de Jesse James, mais plutôt des Broad Street Bullies dans les années 1970. Une troupe jadis dirigée par Fred Shero, le défunt père de Ray Shero, le directeur général actuel des Penguins. Quant aux partisans des Flyers, ils considèrent les Penguins comme des mauviettes. Ils méprisent Sidney Crosby et le tournent en dérision à chacune de ses visites au Wachovia Center. «C'est un amphithéâtre hostile», avance Crosby.

Les Flyers dominent les Penguins avec une fiche de 132 victoires, 83 revers et 30 matchs nuls depuis le premier match entre les deux équipes. Cependant, Pittsburgh a connu du succès depuis quelques années, éliminant Philadelphie en 2008 et en 2009. Les Penguins ont remporté trois Coupes Stanley; les Flyers, deux. Si l'on retourne dans les années 70, les Flyers ont dominé les Penguins comme on le voit rarement. Entre 1974 et 1989, Philadelphie a cumulé une fiche de 39-0-3 à domicile contre Pittsburgh. «Les Flyers faisaient ce qu'ils voulaient de nous», se rappelle l'ancien ailier gauche de Pittsburgh, Phil Bourque, maintenant commentateur des Penguins à la télévision. Cette terrible séquence a pris fin le 2 février 1989 au Spectrum. Wendell Young, un ancien des Flyers, a réalisé 39 arrêts dans une victoire de 5 à 3 des Penguins.

Voici trois autres moments mémorables :

– Le 23 avril 1997, durant la quatrième partie de la série contre Philadelphie, Mario Lemieux a marqué ce que plusieurs croyaient être son dernier but à Pittsburgh. Les Penguins tiraient de l'arrière 3-0 et avaient peu d'espoir de retourner au Civic Arena pour le sixième match. « C'était la première fois que je pleurais sur la patinoire depuis un bon bout de temps », a avoué Lemieux.

– Les partisans des Flyers, généralement inhospitaliers, ont réservé deux ovations à Lemieux. La première a eu lieu le 2 mars 1993, à son retour au jeu après s'être remis de la maladie de Hodgkins. La deuxième s'est déroulée le 26 avril 1997, au cours de ce qui devait être la dernière partie du Magnifique. Les Penguins ont subi l'élimination en cinq matchs.

– L'ancien gardien de Pittsburgh, Ken Wregget, a remplacé Ron Hextall, alors malade, pour le match ultime de la série en 1989. Il a été très solide devant le filet, et les Flyers l'ont emporté 4 à 1 au domicile des Penguins.

Finalement, comment oublier *la* partie, le quatrième match de la demi-finale en 2000. Amorcé le 4 mai, il a pris fin le 5 mai à 2 h 35. Keith Primeau des Flyers a déjoué Ron Tugnutt d'un tir du poignet à 12:01 de la cinquième période de prolongation. C'était le 72e tir dirigé vers Tugnutt. Une fois au vestiaire, les journalistes ont demandé à l'entraîneur-chef des Penguins, Herb Brooks, de résumer la partie. Le sourire aux lèvres, il a répondu : « Par où voulez-vous commencer ? À quel moment voulez-vous arrêter ? » La même réponse s'applique à toute tentative de description de cette rivalité qui, après toutes ces années, demeure toujours aussi intense.

Entre 1974 et 1989, Philadelphie a cumulé une fiche de 39-0-3 à domicile contre Pittsburgh.

CONTRE

WAYNE GRETZKY
LES DEVILS DU NEW JERSEY

C'est toujours difficile de perdre. Encore plus difficile lorsqu'on encaisse une véritable dégelée. Plus difficile encore lorsque le meilleur joueur de l'histoire ne cesse de vous narguer. C'est ce qui s'est produit le 19 novembre 1983, lorsque les Devils du New Jersey ont rendu visite aux Oilers à Edmonton. La saison 1983-84 n'a pas été très bonne pour les Devils. Deux ans à peine après avoir quitté le Colorado et à la suite d'une saison anémique de 17 victoires, l'équipe a tout simplement tenté de s'établir dans son nouveau marché. Lorsque les Devils se sont rendus à Edmonton pour croiser le fer avec la déferlante des Oilers, l'équipe affichait un rendement de 2-17-0. Après avoir infligé une raclée de 13-4 aux visiteurs, Wayne Gretzky a enfoncé le clou encore davantage en qualifiant la franchise des Devils «d'organisation Mickey Mouse».

Ayoye!

Le véritable commentaire de Gretzky était plus nuancé, mais c'est l'expression «organisation Mickey Mouse» qui a fait les manchettes.

«J'étais derrière le banc lors de cette partie, se rappelle Marshall Johnston, l'aide-entraîneur des Devils en 1983. Nous étions en troisième période et venions d'écoper d'une punition. Le match était hors de notre portée, mais l'entraîneur des Oilers a quand même décidé d'envoyer Wayne, [Jari] Kurri, [Paul] Coffey et [Glenn] Anderson sur la glace pour nous humilier... Et puis, après le match, il y a eu ce commentaire désobligeant.» On ne peut pas dire que Gretzky – qui avait compté trois buts et récolté huit points au cours de cette partie – et les Oilers ont épargné leurs rivaux ce soir-là, ni sur la glace ni en dehors de celle-ci. Le véritable commentaire de Gretzky était plus nuancé, mais c'est l'expression «organisation Mickey Mouse» qui a fait les manchettes. Peu importe ce qu'il voulait vraiment dire, c'est elle que les gens ont retenue. «Il était jeune à l'époque et il ne pensait surtout pas que son commentaire aurait de telles répercussions, explique Johnston. Malheureusement, ce fut dévastateur.»

Les commentaires dévastateurs de Wayne Gretzky envers les Devils du New Jersey ont fait les manchettes.

Trois jours plus tard, le propriétaire des Devils, John McMullen, a fait table rase en congédiant l'entraîneur Billy MacMillan, ainsi que Bert Marshall, responsable du recrutement des joueurs. Johnston, quant à lui, a quitté l'arrière du banc et a été assigné à de nouvelles fonctions en tant que responsable du personnel de joueurs. « Le propriétaire était gêné, a déclaré Johnston, comme nous tous d'ailleurs. »

Gretzky a plus tard justifié son commentaire. « [Les Devils] vont perdre beaucoup de matchs, a-t-il affirmé. Bientôt leur amphithéâtre sera vide et nous allons perdre une autre équipe. Pour la survie de la Ligue, j'espère que les Devils vont réussir à se reprendre en main. »

Malheureusement, ce fut peine perdue, à tout le moins pour cette saison-là. Les Devils terminèrent l'année à l'avant-dernier rang avec une fiche de 17-56-7. (Pour ajouter l'insulte à l'injure et parce qu'ils ont bouclé la saison avec trois petits points de plus que Pittsburgh, le Devils ont raté leur chance de repêcher un joueur junior québécois du nom de Mario Lemieux.) « Nous avions toutes sortes de problèmes et avons disputé plusieurs matchs dans l'humiliation, a déclaré Johnston quand on lui a demandé si les Devils avaient tenté de s'en prendre à Gretzky pendant la saison. Nous tentions tous de donner notre maximum, mais ce n'était pas suffisant. C'est la cruelle vérité. »

Si les joueurs des Devils ne voulaient pas ou ne pouvaient pas régler leurs comptes, quelques amateurs de l'équipe ont pris les choses en main. Lorsque les Oilers sont revenus jouer à East Rutherford, les partisans du New Jersey étaient dans les estrades et portaient des masques de Mickey Mouse...

CONTRE DANY HEATLEY
OTTAWA

Une tragédie est à l'origine de la venue de Dany Heatley chez les Sénateurs d'Ottawa. À l'automne 2003, Heatley roulait avec son coéquipier Dan Snyder quand il a perdu le contrôle de sa Ferrari 360 Modena. Il a été gravement blessé, et Snyder est décédé six jours plus tard. Après deux années difficiles à Atlanta, il a demandé à être échangé. Un changement d'air lui permettrait de mettre ce terrible accident derrière lui. Le 23 août 2005, son vœu a été exaucé. Les Thrashers l'ont envoyé à Ottawa en retour de l'ailier vedette Marian Hossa et du vétéran défenseur Greg de Vries. Dès ses débuts avec les Sénateurs, il a formé l'un des trios les plus dangereux de l'histoire du hockey, la « CASH Line », en compagnie du capitaine Daniel Alfredsson et de Jason Spezza.

> **«Les Sénateurs ont recommencé à ressembler à une vraie équipe. Malheureusement, Dany Heatley ne veut pas en faire partie.» - Brian Murray**

Dès sa deuxième saison dans la LNH, Heatley a marqué 41 buts et cumulé 89 points. On attendait beaucoup de lui, surtout avec d'aussi talentueux coéquipiers que les siens. Le nouveau venu n'a pas déçu. Au cours des deux saisons suivantes, il a atteint le plateau des 50 buts et des 100 points, en plus d'aider les Sénateurs à participer à la finale de la Coupe Stanley en 2007. Ottawa a été éliminé en cinq matchs par les Ducks d'Anaheim, mais Heatley a tout de même fait de la « CASH Line » l'un des trios les plus redoutables.

À la suite de cette élimination, il a signé une prolongation de contrat de six ans évaluée à 45 M$. Malgré une absence de 11 parties en raison d'une blessure à l'épaule, il a marqué 41 buts et a amassé autant d'aides pour un total de 82 points. Par contre, les choses se sont gâtées la saison suivante. Heatley et le reste de la « CASH Line » ont vu leur production chuter, et les Sénateurs ont dégringolé au classement. Conséquence : l'entraîneur-chef Craig Hartsburg a perdu son emploi. Cory Clouston, entraîneur-chef du club-école des Sénateurs à Binghamton, a

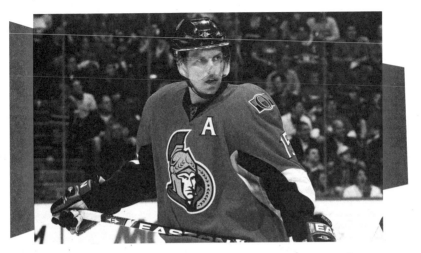

Les supporters des Sénateurs n'ont pas apprécié que Dany Heatley demande d'être échangé.

pris la relève. Il a instauré un nouveau système de jeu qui a eu pour effet de réduire le temps de jeu de Dany Heatley et de le reléguer sur la deuxième vague de l'avantage numérique. Il a terminé la saison avec le plus bas total de points depuis son année recrue.

Le 10 juin 2009, les médias ont rapporté que le joueur-vedette avait demandé une transaction. Insatisfait de son rôle au sein de l'équipe depuis l'arrivée de Clouston, Heatley était d'avis qu'une transaction lui serait bénéfique. Cette demande a irrité l'organisation des Sénateurs et les amateurs. « J'ai été choqué et vexé d'apprendre cette nouvelle, a indiqué le directeur général Brian Murray lors d'une conférence de presse. Le plus frustrant, c'est que plusieurs entraîneurs sont passés chez nous, sans succès. Finalement, depuis l'arrivée de Cory Clouston, tout se déroule enfin bien, et les Sénateurs ont recommencé à ressembler à une vraie équipe. Malheureusement, Dany Heatley ne veut pas en faire partie. C'est dur à accepter pour un entraîneur. »

Les Sénateurs n'ont pas eu le choix d'échanger le joueur étoile après qu'il ait rendu sa demande publique. Le 30 juin 2009, deux jours avant que les Sénateurs aient à lui payer un boni de 4 M$, un accord a été conclu avec les Oilers d'Edmonton. En retour, Ottawa recevait Andrew Cogliano, Dustin Penner et Ladislav Smid. Le hic, c'est que Heatley possédait une clause de non-échange et s'est opposé à cette transaction ; une autre raison pour les amateurs de le détester encore plus. Enfin, peu avant le début du camp d'entraînement, les Sénateurs ont finalement réussi à l'échanger aux Sharks de San Jose. En retour de Heatley et d'un choix de cinquième ronde, Ottawa a mis la main sur Milan Michalek, Jonathan Cheechoo et un choix de deuxième ronde.

> **Heatley a fait de la «CASH Line» l'un des trios les plus redoutables.**

L'irrespect de Heatley ne sera pas oublié de sitôt. Demander une transaction a toujours été considéré comme une décision impopulaire chez les amateurs de hockey canadiens. Ils ne se sont d'ailleurs pas gênés pour le lui faire savoir, surtout à Edmonton et à Ottawa. La performance de Dany Heatley aux derniers Jeux olympiques avec l'équipe canadienne aura peut-être adouci l'humeur des amateurs du reste du Canada à son endroit, mais à Ottawa, il demeurera l'un des joueurs les plus détestés de tous les temps.

CONTRE CANADIENS DE MONTRÉAL BRUINS DE BOSTON

À sa décharge, Don Cherry répondait simplement à une question. L'incident impliquant le coloré entraîneur et commentateur s'est produit lors de la série de 1979 entre les Bruins de Boston et les Canadiens de Montréal. Cherry, passait alors la frontière pour rentrer au pays. Les Bruins venaient de remporter une victoire importante de 5 à 2 dans le sixième match pour égaliser la série. Ils se donnaient ainsi une chance d'accéder à la grande finale contre les surprenants Rangers de New York, une équipe qui, de toute évidence, ne pourrait faire le poids contre les Glorieux, champions en titre depuis les trois dernières années, ou encore les puissants Bruins.

Quand le douanier lui demanda la raison de sa visite au Canada, la réplique de Cherry fut aussi vulgaire que cinglante: «Je m'en viens battre les fichus Canadiens de Montréal.» Ce cri du cœur, bien que justifié, eut toutefois l'heur de déplaire souverainement à son interlocuteur, qui y vit aussitôt une menace directe à la sécurité de notre sport national. «Ils ont éventré tous mes bagages, incluant mon nécessaire de toilette, se souvient Cherry. Ils ont tout répandu à travers la pièce et ont tout fouillé soigneusement avant de me laisser partir.»

Lors du septième match au Forum de Montréal, les Bruins étaient à deux minutes de la victoire quand l'arbitre donna une punition de banc à l'équipe pour avoir eu un joueur de trop sur la patinoire. Guy Lafleur en profita pour égaliser la marque à 4-4 et Yvon Lambert porta le coup de grâce aux Bruins en prolongation, ajoutant un chapitre à la glorieuse histoire de son club. Les Canadiens l'emportèrent ensuite sur les Rangers et remportèrent une quatrième Coupe Stanley consécutive, eux qui avaient battu les Bruins en finale lors des deux années précédentes. Montréal avait probablement la meilleure équipe de toute l'histoire du hockey professionnel et ces affrontements contre Boston, un club qui combinait à la fin des années 1970 finesse et robustesse, avaient été épiques, car les deux formations pouvaient alors légitimement aspirer aux grands honneurs. Le Tricolore, en plus de prolifiques marqueurs comme Guy Lafleur et Steve Shutt, comptait sur le meilleur trio de défenseurs de la Ligue, le « Big Three » de Larry Robinson, Serge Savard et Guy Lapointe.

Cherry n'a rien oublié de ces matchs : « C'était une formidable équipe à tous les niveaux, presque impossible à battre dans un septième match en raison de la présence constante de Robinson, Savard et Lapointe. Disputer une partie au Forum, c'était comme pénétrer dans l'antre du dragon. »

Même si les Bruins ont eu quelques moments de réjouissances, Montréal a très souvent eu l'avantage sur ses éternels rivaux, incluant une domination sans partage de 1946 à 1987, les Canadiens défaisant les Bos-

Depuis les années 1970, la patinoire se transforme en arène quand Montréal et Boston s'affrontent.

tonnais lors de 18 séries consécutives, ce qui a fait dire à de nombreux observateurs que les Bruins étaient tout simplement incapables de battre les Glorieux en séries éliminatoires. Les Bruins ont enfin pu faire ravaler leurs paroles aux experts en 1988, battant les Canadiens en première ronde lors d'une série de cinq matchs, eux qui avaient subi un sort identique lors des quatre années précédentes.

En entrevue pour *The Hockey News*, c'est un Keith Crowder soulagé qui savourait le triomphe de son équipe : « La guigne ? Quelle guigne ? Les fantômes du Forum ? C'est enfin fini ! » Il avait raison, puisque les Bruins, menés par Raymond Bourque, Cam Neely et le gardien Andy Moog, devaient remporter cinq des six confrontations suivantes en séries entre les deux clubs entre 1988 et 1994, sans toutefois pouvoir rapporter une Coupe Stanley à Boston. Au cours des années 2000, le bleu-blanc-rouge a cependant repris son ascendant sur les Bruins, remportant trois des quatre séries ; au total, Montréal a remporté 24 séries contre les hommes en noir et jaune pour n'en perdre que 8.

Outre la fameuse série de 1979 dont nous parlions plus haut, il faut mentionner la série de 1971 alors que le grand Ken Dryden avait presque à lui seul vaincu les Bruins, largement favoris cette année-là, ainsi que la demi-finale de 1952, qui a fourni un des plus beaux clichés de l'histoire. Lors du septième et dernier match, Maurice Richard – coupé au front en deuxième période et chancelant à la suite d'une collision avec Leo Labine, ailier droit des Bruins ¿ avait marqué un but spectaculaire en fin de troisième période pour donner l'avance à son équipe, qui l'emporta finalement 3 à 1. Au terme de la rencontre, le photographe Roger St-Jean a immortalisé la scène qui montre le gardien des Bruins, « Sugar » Jim Henry, arborant un œil au beurre noir, qui semble s'incliner devant un

> « Disputer une partie au Forum, c'était comme pénétrer dans l'antre du dragon. »
> – Don Cherry

Rocket ensanglanté en lui serrant la main. Interrogé par *The Hockey News* à propos du choc avec Labine, Richard répondit candidement : « Je ne sais pas. Tout est soudainement devenu noir et je me suis réveillé à l'infirmerie. Honnêtement, j'étais encore ébranlé quand j'ai marqué et je m'en souviens à peine. » Par contre, l'entraîneur des Bruins, Lynn Patrick, a gardé un souvenir précis des événements, comme il le relatait à THN : « Je n'ai jamais vu de plus beau but. Il a vu l'ouverture et foncé vers le filet comme une fusée. On ne l'appelait pas le Rocket pour rien. »

> « J'ai vu les deux côtés de la médaille et laissez-moi vous dire que les amateurs se détestent encore plus que les joueurs. » - Steve Bégin

Steve Bégin a eu l'occasion de vivre la rivalité des deux côtés de la clôture, lui qui a joué un peu plus de quatre saisons avec les Canadiens à partir de 2003-04, avant d'accepter un pacte des Bruins au début de 2009. Comme toutes les grandes rivalités du hockey, la haine entre les joueurs se transposait dans les gradins alors que les partisans des deux formations ne reculaient devant rien pour stimuler leurs favoris : « J'ai vu les deux côtés de la médaille et laissez-moi vous dire que les amateurs se détestent encore plus que les joueurs. Mais c'était amusant et je suis content d'avoir pu jouer pour les deux équipes, surtout lors des matchs en séries. L'atmosphère est unique et l'intensité est incroyable, tant sur la glace que dans les estrades. »

MAURICE RICHARD
GORDIE HOWE

CONTRE

Un joueur dominant. Un symbole pour le sport. Une légende plus grande que nature. Toutes ces affirmations pourraient s'appliquer indistinctement à Gordie Howe ou à Maurice Richard.

De bien des façons, Howe et Richard étaient semblables. Les deux jouaient à l'aile droite; ils portaient tous deux le n° 9 et ils étaient des leaders dans leurs équipes respectives. Même s'ils étaient diamétralement opposés à d'autres égards, ils ont été les artisans d'une confrontation titanesque.

Dans toute l'histoire du hockey, jamais deux rivaux n'avaient dominé le sport et galvanisé les partisans comme le firent Howe et Richard. Dès 1946, l'année de la première saison de Howe dans la LNH, et ce, jusqu'en 1960 lorsque Richard s'est retiré, ce duo de joueurs a été aussi dynamique et dominant que les équipes pour lesquelles ils jouaient. Howe brillait par son talent; Richard fut le marqueur le plus spectaculaire du hockey.

Howe (sept fois) et Richard (six fois) ont tour à tour été sélectionnés pour la première équipe d'étoiles de la LNH à l'aile droite. En huit occasions, ils ont tous les deux occupé cette position sur la première et la deuxième équipe d'étoiles. Pendant cette période, Gordie Howe a mené la LNH au chapitre des points marqués à cinq reprises, alors que Richard a été le meilleur buteur du circuit à quatre occasions. À cette époque, les Canadiens de Montréal de Maurice Richard ont remporté six Coupes Stanley et disputé 11 finales. Les Red Wings de Gordie Howe ont remporté les grands honneurs quatre fois et participé à sept finales. En quatre occasions, l'équipe de Howe a croisé le fer avec celle de Richard en série finale, les Wings ayant remporté trois fois ce duel. Il ne fallait pas être un grand amateur de hockey pour savoir que les deux hommes ne s'aimaient pas beaucoup, eux qui furent les principaux acteurs d'une des plus passionnantes rivalités du hockey.

« Ça ressemblait à de la haine, explique Alex Delvecchio, un ancien joueur de centre à Detroit. En tout cas, c'était toute une rivalité. Montréal était notre plus gros obstacle en route vers la Coupe Stanley. Puissante, cette équipe nous obligeait à rehausser notre jeu et nous voulions la battre à chaque partie. »

Les deux hommes étaient connus autant pour leur force physique, leurs tactiques déloyales et leur talent. La première fois qu'ils se sont retrouvés sur la glace, le vétéran, Richard (25 ans), a invité la recrue, Howe (18 ans) à entreprendre un combat. Mal lui en prit, Howe a envoyé Richard au pays des rêves avec un seul coup de poing.

Les coudes légendaires de Gordie Howe ont sonné les cloches de plusieurs adversaires insouciants. « Il fallait lutter contre le bâton, les coudes et la charpente musclée de ce joueur », a confié Toe Blake, entraîneur, joueur et membre du Temple de la renommée du hockey, à Tim Burke du journal *The Gazette* en 1979. Richard distribuait ses mauvais coups de manière plus ouverte et n'avait pas peur de briser son bâton sur le dos d'un joueur qui lui tombait sur les nerfs. « Le Rocket ne donnait pas dans la finesse », a déjà confié Frank Selke, un ancien directeur général à Montréal, au magazine *Canadian*.

Dans son livre *Gordie Howe: My Hockey Memories*, publié en 1999, Howe a écrit : « Je ne pense pas avoir joué contre une personne plus motivée et déterminée que Richard [...] Au chapitre du talent brut et de la rage de vaincre, il comptait parmi les meilleurs. Sa vitesse et son instinct de buteur n'avaient et n'ont toujours pas d'égal. » C'étaient leurs styles respectifs qui amenaient les amateurs à choisir entre Howe et Richard. « Vous pouvez encore déclencher une bataille dans certains bars

Gordie Howe tente de ralentir Maurice Richard devant le filet des Red Wings.

en affirmant que Richard était largement supérieur à Howe ou vice versa », racontent Chrys Goyens et Allan Turowetz, les auteurs du livre *Lions In Winter*, portant sur l'histoire des Canadiens de Montréal.

Surnommé « M. Hockey », Howe était un joueur modèle, le type de garçon dont les mères de famille rêvent pour leur jeune fille. Plusieurs croient que, compte tenu de sa réputation dans le monde du hockey, si Howe avait mieux soutenu son coéquipier Ted Lindsay lorsqu'il a voulu mettre sur pied l'Association des joueurs de la LNH en 1957, cette organisation aurait pu voir le jour dix ans plus tôt. D'autres historiens considèrent que l'émeute du Forum (17 mars 1955), alors que les amateurs ont interrompu un match entre Montréal et Detroit pour protester contre la décision de Clarence Campbell de suspendre Maurice Richard jusqu'à la fin de la saison pour un coup vicieux porté lors d'un match à Boston, a été la bougie d'allumage du sentiment nationaliste québécois. Cet événement a fait de Maurice Richard une icône culturelle qui a transcendé le monde du hockey.

Il n'y a pas de doute que Richard était un rebelle au sang aussi chaud que l'indique son surnom. Pendant ses années en tant que joueur, Richard tenait une chronique dans un journal local et il ne se gênait pas pour critiquer la façon dont Campbell administrait la Ligue. « Le Rocket avait la mèche courte et cela l'a mal servi à l'occasion, explique Budd Lynch, chroniqueur sportif des Red Wings et membre du Temple de la renommée. C'est cet aspect de sa personnalité qui permettait à Gordie d'avoir le dessus sur lui. »

Howe et Richard ont souvent été comparés à Lou Gehrig et Babe Ruth, les vedettes des Yankees de New York qui ont dominé le baseball pendant les années 30. L'homme de fer Gehrig produisait des points de manière régulière avec une constance quasi mécanique, alors que Ruth était un frappeur de puissance explosif qui fracassait les records et qui semblait plus grand que nature.

> «Je ne pense pas avoir joué contre une personne plus motivée et déterminée que Richard.» – Gordie Howe

En 1953, *La Presse Canadienne* a effectué un sondage auprès des chroniqueurs de la LNH. Les résultats: Howe a remporté le titre de meilleur joueur de la Ligue et Richard celui du joueur le plus spectaculaire. «Il n'y a pas de doute que Gordie était meilleur que Maurice, a admis Henri Richard, le plus jeune frère de Maurice, dans une entrevue avec un journaliste du journal *The Gazette* en 1980. Mais construisez deux patinoires, placez Gordie sur l'une d'elles et Maurice sur l'autre et vous verrez laquelle des deux va se remplir le plus rapidement.» King Clancy, membre du Temple de la renommée, a donné la réponse suivante: «La patinoire de Maurice serait bondée et seuls ceux n'ayant pas trouvé de place dans les gradins du Rocket iraient voir Howe à l'œuvre.»

En 1944-45, Richard a établi une marque en devenant le premier joueur de la Ligue à marquer 50 buts en une saison, et le premier à atteindre la barre des 500 filets, devenant du coup le meilleur marqueur et pointeur de l'histoire de la LNH. «Cet homme a transformé la Ligue et nous a permis de gagner notre vie», a déclaré Howe au sujet de Maurice, même si celui-ci a surpassé les statistiques du Rocket.

Leur rivalité ne connaissait aucune limite et n'était pas restreinte aux années pendant lesquelles ils ont été actifs sur la glace. En 1977, Howe a annoncé qu'il allait effectuer un retour au jeu à l'âge de 69 ans en jouant pour les Vipers de Detroit, une équipe de la Ligue internationale. Richard, qui alimentait toujours une rubrique dans le journal *La Presse* à l'époque, ne s'est pas gêné. «C'est totalement ridicule, a-t-il écrit. Ce n'est rien d'autre qu'un coup publicitaire.»

Lors d'une conférence téléphonique destinée à promouvoir son retour au jeu, Howe a été cinglant à l'endroit du commentaire de Richard. «Il m'a fallu quarante ans pour apprécier cet homme, a-t-il déclaré. Voilà qu'il détruit tout avec une seule phrase.»

CHRIS PRONGER
EDMONTON

Quand la LNH a instauré un plafond salarial à la suite du conflit de travail en 2004-05, plusieurs équipes ont modifié leur formation afin d'affronter la nouvelle ère économique. Le 2 août 2005, une transaction étonnante a été conclue entre les Blues de St. Louis et les Oilers d'Edmonton. Le robuste Chris Pronger a pris le chemin de l'Alberta en retour d'Eric Brewer, de Jeff Woywitka et de Doug Lynch. L'arrivée de Pronger a fait les manchettes à Edmonton, et les partisans des Oilers avaient de quoi célébrer.

Dans le passé, ce petit marché avait souvent dû se départir de jeunes joueurs talentueux. Arrivés à maturité, ils commandaient des salaires hors de la portée des Oilers. Grâce au plafond salarial, cette équipe pouvait enfin savourer l'acquisition d'un joueur-vedette. « Le monde du hockey a été bouleversé quand les Oilers ont mis la main sur Chris Pronger, le lauréat des trophées Hart et Norris en 2000. En retour, ils ont cédé le genre de joueurs qu'ils avaient l'habitude d'acquérir avant l'implantation du plafond salarial. Quant aux Blues, on les voyait souvent obtenir des joueurs-vedettes, et non s'en départir », écrivait The Hockey News en 2005.

Lors de la saison précédant le conflit de travail, les Oilers avaient raté les séries éliminatoires. L'ajout de Pronger leur a donné le coup de pouce nécessaire pour repartir sur des bases solides. La saison suivante, ils se sont qualifiés de justesse en huitième position, et la présence du défenseur géant a rapporté gros. Les Oilers ont surpris tout le monde en se faufilant jusqu'à la finale de la Coupe Stanley. Durant leur périple, ils ont d'abord éliminé en six parties les Red Wings de Detroit, gagnants du trophée du Président, et les Sharks de San Jose. Puis, les Mighty Ducks d'Anaheim n'ont pu leur soutirer qu'une seule victoire. En finale, Edmonton s'est incliné en sept matchs contre les Hurricanes de la Caroline. Le choix du gardien Cam Ward comme lauréat du trophée Conn Smythe a été contesté. Plusieurs personnes ont jugé que Chris Pronger méritait cet honneur après avoir mené son équipe à des sommets inespérés.

Avec 21 points en 24 parties, Pronger avait connu la meilleure production par un défenseur en séries depuis les 34 points de Brian Leetch en 1994. Il est aussi devenu le premier joueur à marquer sur un tir de pénalité en finale de la Coupe Stanley, réussissant l'exploit durant la première partie. Mais le nouveau héros était sur le point de devenir l'ennemi public numéro 1 à Edmonton...

Chris Pronger était un héros à Edmonton.... jusqu'à ce qu'il exprime son désir de quitter les Oilers.

Quatre jours après la finale, Pronger a demandé d'être échangé. Pourtant, à son arrivée à Edmonton, il avait signé une prolongation de contrat de cinq ans. Des rumeurs d'infidélité ont circulé sur Internet, mais la vérité, c'est que sa femme Lauren ne se plaisait pas dans cette nouvelle ville. Le 3 juillet 2006, 11 mois après l'avoir acquis, les Oilers ont échangé Pronger à Anaheim en retour de Joffrey Lupul, de Ladislav Smid, de deux choix de première ronde et d'un choix de deuxième tour.

« L'organisation était au courant du désir de Pronger d'être échangé depuis plusieurs mois, et ce, jusqu'au septième match de la finale de la Coupe Stanley, a écrit Mike Brophy de *The Hockey News* en 2006. Même s'il avait préféré être ailleurs, Pronger était très professionnel dans son travail. Il a joué une partie de la saison avec un pied fracturé, et il a enduré une dislocation de l'épaule durant les séries. »

À Edmonton, les partisans avaient une tout autre perception de Pronger. Depuis la transaction, il se fait huer chaque fois qu'il revient au Rexall Place, et le titre d'ennemi public numéro 1 lui colle toujours à la peau. Après son départ, la blogosphère regorgeait de messages haineux écrits par des partisans furieux. D'un côté, Pronger prenait soin de sa famille, et de l'autre, il abandonnait les Oilers quelques jours seulement après une participation à la finale de la Coupe Stanley. Malgré sa performance exceptionnelle durant les séries magiques de 2006, la façon dont Chris Pronger a quitté Edmonton a laissé un goût amer qui restera longtemps dans la bouche des partisans des Oilers.

> **Pronger se fait huer chaque fois qu'il revient au Rexall Place, et le titre d'ennemi public numéro 1 lui colle toujours à la peau.**

TED LINDSAY
LA LNH

CONTRE

Le fait que les joueurs actuels aient décidé de renommer le trophée Lester B. Pearson (remis au joueur le plus utile à son équipe, selon le vote de l'Association des joueurs) du nom de Ted Lindsay indique bien à quel point ceux-ci vouent une grande admiration à ce dernier. « Ted le Terrible » a vraiment fait honneur à son surnom (qui lui a été attribué d'abord et avant tout à cause de la robustesse de son jeu sur la glace) lorsqu'il s'est attaqué aux bonzes de la LNH et s'est porté à la défense des joueurs qui, en 1956-57, étaient traités comme des vassaux par les propriétaires d'équipes. Ce faisant, il a donné le coup d'envoi à un mouvement irréversible qui a mené, un peu plus tard, à la création de l'Association des joueurs de la LNH. « Je l'ai fait parce que j'y croyais, affirme Lindsay. Les propriétaires se réunissaient dix fois par année et les joueurs, jamais. »

À l'époque des six équipes d'origine, l'animosité entre joueurs était continue et il était hors de question pour eux de se voir amicalement en coulisse. Seul le Match des étoiles faisait exception, mais la partie se jouait avant le début de la saison régulière. Lindsay et le défenseur montréalais Doug Harvey se sont donc adressés aux capitaines des différentes équipes de la Ligue, qui ont recueilli 100 $ de chaque joueur de la LNH sauf un : Ted « Teeder » Kennedy des Maple Leafs de Toronto.

« Il ne croyait pas en notre projet et cela ne m'a jamais ennuyé, se rappelle Lindsay. Je détestais ce type lorsque nous étions sur la glace, mais c'était tout un joueur de hockey et j'ai toujours eu du respect pour lui. »

Les hockeyeurs ont embauché deux avocats de la ville de New York, Norman Lewis et Milton Mound, qui avaient appuyé les joueurs du baseball majeur dans un projet semblable. Les deux juristes avaient été présentés à Lindsay par le lanceur des Indians de Cleveland, Bob Feller. Les dirigeants de la LNH ignoraient ce qui se tramait en coulisse. Pour les propriétaires, directeurs généraux et entraîneurs, la surprise fut totale lorsqu'en février, les joueurs firent connaître leurs intentions. À 15 h, un lundi soir (journée normalement consacrée aux déplacements), les joueurs tiennent un point de presse et la nouvelle, largement diffusée, crée une onde de choc. « Croyez-moi, assure Lindsay, ne pas avoir vu venir l'annonce est ce qui leur a fait le plus mal. »

> « Je n'ai jamais rencontré l'épouse de Lindsay. En ce qui me concerne, c'est une femme admirable pour endurer un type comme lui. » - Jack Adams

Ironiquement, raconte Lindsay, le joueur qui a le plus souffert de la formation du syndicat est Ted Kennedy ; on lui a reproché de ne pas en avoir glissé mot à Conn Smythe, le propriétaire des Maple Leafs. « Smythe avait servi sous les drapeaux en Europe et il accordait une grande importance à la loyauté, explique Lindsay. Le fait que Kennedy ait gardé le secret lui a sans doute coûté un emploi à vie auprès des Leafs. »

Sans surprise, Lindsay a été ciblé par les propriétaires de la LNH. Même s'il termina au second rang des marqueurs de la Ligue derrière son coéquipier Gordie Howe en 1956-57, Lindsay fit l'objet d'une transaction au cours de l'été suivant. En compagnie de Glenn Hall, le franc-tireur des Wings fut échangé aux tristes Blackhawks de Chicago en retour de Johnny Wilson, Forbes Kennedy, Hank Bassen et Bill Preston. Le maître d'oeuvre de cet échange fut Jack Adams, l'homme fort de James Norris, le propriétaire des Red Wings de Detroit. Adams, qui était DG de l'équipe, pouvait clouer sur le banc ou renvoyer un joueur dans les rangs mineurs sur un simple coup de tête. C'est à cause du comportement de

Ted Lindsay s'est mis la tête sur le billot pour défendre les droits des joueurs de hockey.

types comme lui que les joueurs ont voulu faire front commun et former un syndicat. « Adams était un idiot, affirme Lindsay. Le DG le plus stupide de tous les temps ; je le dis comme je le pense. »

À l'époque, toutefois, Adams avait de bons contacts auprès des journalistes et, après que Lindsay a été échangé aux Blackhawks, il n'a jamais raté une occasion d'humilier son ancienne vedette. « Je vous assure, Howe ne s'ennuiera pas de Lindsay, a-t-il confié à *The Hockey News* à l'aube de la saison 1957-58. Howe aidait Lindsay à se surpasser et non pas le contraire. »

Les statistiques indiquent toutefois que la production de Gordie Howe a diminué pendant plusieurs années après le départ de Lindsay chez les Hawks. Manifestement, Adams était meilleur dans la manipulation des médias que dans les prédictions statistiques. « Une seule chose m'a blessé dans les sorties publiques de Lindsay à mon endroit, explique Adams. C'est lorsqu'il m'a reproché d'avoir formulé des commentaires désobligeants au sujet de sa conjointe. Je n'ai jamais rencontré son épouse. En ce qui me concerne, c'est une femme admirable. Elle doit l'être pour endurer un type comme Lindsay. »

Adams bénéficiait aussi de ses entrées auprès des chroniqueurs sportifs. Ainsi, lorsqu'il ne s'en prenait pas lui-même à Lindsay, il faisait faire le travail par un autre. Un journaliste avait rapporté que le salaire de Lindsay – sans doute dans les quatre chiffres à l'époque – était de 20 000 $ et que plusieurs joueurs des Red Wings, sous le couvert de l'anonymat, lui avaient confié qu'ils étaient heureux de voir Lindsay quitter l'équipe. Bien entendu, le journaliste n'avait pas parlé à ces joueurs «anonymes»; c'est Adams qui était à l'origine de ces ragots. Inutile de dire que les deux hommes ne se sont jamais réconciliés. «Je n'attendais pas d'excuses et lui non plus, explique Lindsay. Il avait un travail à faire et je faisais ce que je croyais être la bonne chose.»

Même si le mouvement syndical initial a subi un ralentissement en 1958, l'idée semée par Lindsay et Harvey a tranquillement germé et, en 1967, l'agent Alan Eagleson a officiellement fondé l'Association des joueurs de la LNH, telle qu'on la connaît aujourd'hui. En 2010, le trophée Lester B. Pearson a été rebaptisé «trophée Ted Lindsay» en l'honneur de l'implication de ce dernier dans la défense des joueurs. À ce jour, Lindsay est demeuré fidèle à ses convictions.

> «Les propriétaires se réunissaient 10 fois par année et les joueurs, jamais.» - Ted Lindsay

«Edmonton et Indianapolis étaient nos clubs-écoles au sein de la Ligue de l'Ouest et de la Ligue américaine, raconte Lindsay au sujet de son passage chez les Wings. Je gagnais 5500$ par année, mais les gars qui jouaient à Edmonton ou Indianapolis possédaient des contrats aller-retour. J'ai pu constater à quel point la direction de l'équipe avait été cruelle envers eux. Adams envoyait des jeunes à Edmonton et ne leur versait pas un sou. C'était un vrai dictateur. Je voulais que les propriétaires sachent que je n'étais pas un imbécile et que j'avais assez d'intelligence pour les affronter.»

JIM SCHOENFELD
DON KOHARSKI

CONTRE

Heureusement, le moment a été capté sur vidéo, ce qui constitue une preuve et nous permet, avec le recul, d'en rigoler un peu. L'histoire met en scène les Devils du New Jersey, qui participent aux séries éliminatoires pour la première fois depuis qu'ils ont quitté le Colorado. En 1987-88, ils affrontent les Bruins de Boston dans la finale de la Conférence Prince de Galles ; une série de sept matchs qui passera à l'histoire.

Après la troisième partie, que les Bruins remportent 6 à 1 pour prendre une avance de 2-1 dans la série, Jim Schoenfeld, l'entraîneur des Devils, est en colère contre le travail de l'arbitre Don Koharski. Alors qu'il quitte la glace pour se rendre au vestiaire tandis Schoenfeld le précède en lui lançant des insultes, Koharski trébuche et tombe au sol. L'incident aurait pu être banal. Mais lorsque Koharski accuse publiquement Schoenfeld de l'avoir bousculé, il donne naissance à une des altercations hors glace les plus mémorables de l'histoire de la LNH. «Tu as trébuché et tu es tombé, gros porc!, aurait crié Schoenfeld. Mange un autre beigne! Mange un autre beigne!»

L'arbitre Don Koharski a été l'objet d'une des plus virulentes attaques verbales de l'histoire de la LNH.

125

Après l'incident, Schoenfeld a déclaré: «J'avais des choses à lui dire qu'il ne voulait pas entendre. Je lui ai dit que je ne l'avais pas touché et que c'était lui qui m'avait heurté. Ce sont les premiers mots qui sont sortis de ma bouche. Puis, il a trébuché et a menacé de me faire renvoyer de la Ligue.»

Cette confrontation a eu un impact majeur sur la série. John Ziegler, le commissaire de la LNH à l'époque, a suspendu l'entraîneur des Devils pour ses commentaires désobligeants à l'endroit de l'arbitre. Cela a provoqué une cascade de procédures légales. Les dirigeants des Devils ont tenté de bloquer la suspension en faisant émettre, par le juge de la Cour supérieure du New Jersey, J.F. Madden, une injonction à la LNH. Cette démarche a permis à Schoenfeld de retourner derrière le banc lors du quatrième match. «Les Devils du New Jersey ne peuvent pas tolérer l'injustice qui a été causée à Jim Schoenfeld et à l'organisation, a déclaré à l'époque le président et DG de l'équipe, Lou Lamoriello. On doit nous permettre de faire valoir notre point de vue en appel.»

> «Tu as trébuché et tu es tombé, gros porc! Mange un autre beigne! Mange un autre beigne!» – Jim Schoenfeld

Et puis, les trois arbitres de la LNH qui devaient officier lors du quatrième match, Dave Newell, Gord Broseker et Ray Scapinello, décident de faire la grève pour protester contre ce qu'ils estiment être des conditions de travail dangereuses. Alors que les amateurs prennent place dans les gradins et que les équipes se réchauffent sur la glace, les dirigeants de la Ligue décident de retarder le match d'une heure afin de trouver des substituts pour arbitrer cette rencontre.

Lorsque les arbitres sautent enfin sur la glace, seul Paul McInnis, 52 ans, officiel hors-glace des Devils, porte le chandail noir et blanc des arbitres de la LNH. Les juges de ligne, Vin Godleski, 51 ans, lui aussi officiel hors-glace des Devils, et Jim Sullivan, 50 ans, officiel hors-glace des Islanders, portent quant à eux des pantalons verts, des chandails jaunes et des casques blancs.

Le match a donc eu lieu et les Devils nivèlent la série grâce à une victoire de 3 à 1. L'entraîneur des Bruins, Terry O'Reilly, n'était pas très heureux de la tournure des événements. «Pour moi, ce n'était pas un match

«Pour moi, ce n'était pas un match digne de la LNH. C'est dommage que cela se soit produit pendant les éliminatoires.»
- Terry O'Reilly

digne de la LNH, a-t-il affirmé à l'issue de la rencontre. C'est dommage que cela se soit produit pendant les éliminatoires. En fait, la chose n'aurait jamais dû arriver.»

La Ligue a fini par s'entendre avec ses arbitres et les dirigeants du New Jersey. La suspension de Schoenfeld a été abrogée et la LNH a acquiescé aux demandes formulées par l'Association des officiels pour des conditions de travail plus sécuritaires. Les arbitres de la LNH ont donc officié pendant le cinquième match de la série, mais, 20 ans plus tard, cet incident fait toujours parler.

Koharski et Schoenfeld ont gentiment refusé de participer à une entrevue dans le cadre de ce reportage. Même l'ailier droit des Devils, Pat Verbeek – dont la pénalité mineure double pour robustesse a provoqué la perte de contrôle de Schoenfeld à l'époque – a décliné notre invitation. Les Bruins ont finalement remporté deux des trois derniers matchs pour se rendre en finale de la Coupe Stanley.

MIKE MILBURY
LE MONDE ENTIER

CONTRE

De la bière ou du brasse-camarade, voilà les options qui s'offraient à Mike Milbury.

Après une partie entre les Bruins de Boston et les Rangers de New York au Madison Square Garden, Mike Milbury était assis dans le vestiaire des visiteurs et enlevait son équipement en pensant à son congé des Fêtes. Tout à coup, il réalisa qu'excepté lui et le gardien de but Gerry Cheevers, aucun autre joueur n'avait quitté la patinoire.

Le reste de l'équipe des Bruins était occupé à pourchasser des partisans des Rangers dans les gradins. Peu de temps après que la sirène a annoncé la fin de la partie, un homme de 30 ans, John Kaptain, s'était approché de la patinoire où une altercation venait d'éclater et avait frappé le dur à cuire des Bruins, Stan Jonathan, avec un dépliant roulé avant de s'enfuir avec son bâton.

Menés par Terry O'Reilly, qui croyait que Kaptain avait donné un coup de poing à Jonathan, les joueurs des Bruins se sont lancés aux trousses de l'individu pour se venger. La nouvelle s'est rendue jusqu'au vestiaire, et Milbury a dû prendre une décision: choisir entre siroter une bière avec le gardien ou apprendre le savoir-vivre à ce partisan des Rangers.

« J'étais déjà rendu à ma deuxième bière », a raconté en riant Cheevers au *New York Times*, 30 ans après cette soirée. Il avait décidé de rester au vestiaire. Quant à Milbury, il n'a pas hésité longtemps à se joindre à l'action. Lui, O'Reilly et Peter McNab, un joueur normalement calme, ont fini par cerner Kaptain. Milbury lui a alors enlevé une chaussure et l'a rué de coups. Cette histoire n'a concerné que trois des 18 joueurs des Bruins, mais l'image de Milbury battant Kaptain à coups de chaussure a longtemps retenu l'attention. « Si vous regardez la reprise, vous remarquerez qu'il y avait beaucoup d'action en bas de nous. Mais tout ce dont le monde se souvient, c'est de l'idiot qui frappait quelqu'un avec un soulier », a mentionné Milbury au *Times*. John Ziegler, le président de la LNH, a suspendu O'Reilly pour huit matchs, contre six pour Milbury et McNab. Les trois joueurs ont écopé d'une amende de 500 $.

> « Il n'a pas peur de dire ce qu'il pense.
> Mais il est un peu moins rude quand les
> caméras sont éteintes. » - Kelly Hrudey

En 1980, Kaptain, aujourd'hui décédé, avait intenté une poursuite qui n'a jamais abouti. Cela ne signifie absolument pas que Milbury évite les affrontements, surtout pas avec les agents de joueurs et les « moumouniseurs » du hockey. L'ancien défenseur robuste, entraîneur, directeur général et actuel analyste à la télévision a toujours un mot à dire sur tout et n'hésite jamais à exprimer son opinion.

Au cours de la décennie où Milbury a occupé le poste de directeur général des Islanders de New York, de la moitié des années 1990 à 2006, il a connu des négociations de contrat difficiles avec le joueur-vedette

**Que ce soit comme joueur, entraîneur, DG ou commentateur,
Mike Milbury a marqué le hockey par ses critiques controversées.**

Zigmund Palffy. Alors qu'il parlait de Paul Kraus, l'agent de Palffy, un Milbury mécontent a offert cette savoureuse citation : « Dommage qu'il vive en ville. Il prive un village quelque part d'un idiot hors pair. »

Quiconque a vu Milbury écoper de nombreuses minutes de punition à la ligne bleue des Bruins de 1976 à 1987, ou l'a entendu crier après les joueurs et autres entraîneurs quand il dirigeait Boston au début des années 1990, sait qu'il est issu de la vieille école. Doit-on s'étonner qu'il ait inventé un mot, « moumounisation » (en anglais, « pancification »), pour décrire certaines personnes qui tentaient de modifier le hockey quand il débattait à *Hockey Night in Canada* de la place des bagarres dans ce sport ? L'utilisation de ce mot a soulevé la colère d'un groupe de défense pour les gais et lesbiennes, Égale Canada, qui a déposé une plainte à l'ombudsman de la Société Radio-Canada.

Il y a aussi l'histoire selon laquelle Milbury aurait fait pleurer le gardien des Islanders, Tommy Salo, durant sa séance d'arbitrage à la fin des années 1990. Plusieurs années plus tard, Milbury a affirmé qu'il s'agissait d'une manigance de l'agent de Salo pour faire pencher la balance du côté de son client. Milbury n'a pas souhaité commenter cette histoire. Selon son collègue de CBC, Kelly Hrudey, le personnage qu'on voit à la télévision n'est pas très différent du vrai Milbury. « Il agit de la même façon, qu'il soit en ondes ou à l'extérieur du studio. À mon avis, c'est ce qui le rend si populaire, car il n'a pas peur de dire ce qu'il pense, estime Hrudey. La seule différence, c'est qu'il est un peu moins rude quand les caméras sont éteintes. »

Hrudey est arrivé dans la LNH quand Milbury s'apprêtait à prendre sa retraite. L'ancien gardien des Islanders et des Kings de Los Angeles connaissait bien la réputation du défenseur robuste originaire du Massachusetts. « Il en imposait beaucoup sur la patinoire, raconte Hrudey. Ce n'était pas ce qu'on appelle un "grand parleur, petit faiseur". Sa présence physique était remarquée. »

Milbury n'hésite jamais à donner son point de vue, sauf dans un domaine : expliquer les mauvaises décisions qu'il a prises quand il était directeur général des Islanders. L'ancien défenseur a essuyé une pluie de moqueries pour avoir donné Olli Jokinen et Roberto Luongo aux Panthers de la Floride en 2000, ce qui lui a permis de repêcher Rick DiPietro au premier rang du repêchage à la fin de la saison. Sans ou-

> « Tout ce dont le monde se souvient, c'est l'idiot qui frappait quelqu'un avec un soulier. » – Mike Milbury

blier la transaction qui a envoyé le jeune Zdeno Chara et le deuxième choix au total du repêchage de 2001 à Ottawa — qu'il a utilisé pour sélectionner Jason Spezza — en retour de l'énigmatique Russe Alexei Yashin. C'est facile de jeter le blâme sur Milbury pour ces décisions douteuses. Après tout, il a assurément commis des erreurs de jugement dans certains cas. Il faut toutefois se rappeler qu'il a travaillé avec des propriétaires très volatiles et tatillons, voire criminels, à Long Island.

« C'est un bon gars et il a encaissé tous les coups. Les médias se sont moqués de lui très longtemps. On le surnommait "Mad Mike", mais ce n'est pas lui qui a décidé de conclure toutes ces transactions », explique Don Cherry, ancien entraîneur de Milbury à Boston et maintenant collègue de ce dernier à CBC.

« Chaque directeur général commet des erreurs dans sa carrière, cela fait partie du métier. Par contre, ce n'est pas parce que tu occupes ce poste que tu prends toutes les décisions », ajoute Hrudey. Selon ce dernier, au-delà des apparences, Milbury est un homme très ouvert aux points de vue des autres. « Même si ses valeurs sont conservatrices, il n'éprouve aucune difficulté à débattre de son point de vue avec quelqu'un qui partage une vision différente. Si vous vous appuyez sur des arguments crédibles, il portera une grande attention à vos propos et en prendra note. »

FINLANDE
SUÈDE

Même si deux des trois Européens à avoir marqué 600 buts dans la LNH sont finlandais (Teemu Selanne et Jari Kurri), la Finlande n'est toujours pas reconnue pour ses marqueurs prolifiques ou ses talentueux fabricants de jeux. Ce pays est plutôt renommé pour ses gardiens de but, ce qui concorde bien avec le tempérament national ; les Finlandais se proclament eux-mêmes solitaires, travaillants et individualistes.

Deux grands classiques de la littérature finlandaise — *Le soldat inconnu* et *Ici sous l'étoile polaire*, écrits par Vaino Linna — décrivent les aventures de héros solitaires. Dans *Le soldat inconnu*, on suit Rokka, un tireur d'élite distant. Quant au roman *Ici sous l'étoile polaire*, il commence par ces mots : « Au départ, il y avait le marais, la houe et Jussi. » Jussi est un pionnier qui assèche et nettoie des marais pour y construire une petite ferme où il veut s'installer. Dans ce contexte, est-il surprenant d'apprendre que le fils de Vaino Linna, Petteri, était gardien de but dans la SM-liiga, la ligue élite finlandaise, à la fin des années 1980 ?

Être seul entre les poteaux est la position tout indiquée pour les Finlandais. Géographiquement, ils sont coincés entre l'un des plus grands pays du monde, la Russie, et le pays qui se considère comme le plus grand de la planète, la Suède.

> « Individuellement, je ne connais aucun Suédois désagréable, mais en tant qu'équipe, on veut toujours les battre. » –Teemu Selanne

L'explication se trouve peut-être aussi dans la génétique. Selon l'Institut finlandais de médecine moléculaire, « les Finlandais sont uniques sur la carte génétique de l'Europe ; [ils] diffèrent considérablement des habitants de l'Europe centrale et de leurs voisins de l'Est. Génétiquement, les Finlandais ont plus en commun avec, par exemple, les Hollandais ou les Russes vivant dans la région de Mourom à l'est de Moscou qu'avec les Hongrois, avec qui ils partagent des liens linguistiques. »

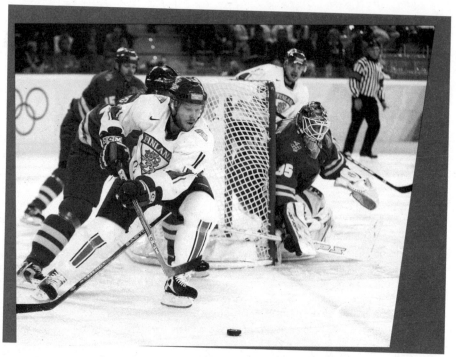

Les Finlandais tentent de battre les Suédois chaque fois que l'occasion se présente.

Les Suédois sont différents. Ils ont produit ABBA, Mats Sundin, Ingmar Bergman, Peter Forsberg, Volvo, Saab, Anders Hedberg, Ingrid Bergman, Greta Garbo, Mats Naslund, Markus Naslund, Drago (l'adversaire de Rocky dans *Rocky IV*, interprété par Dolph Lundgren), Hakan Loob et IKEA.

Jusqu'en 1809, la Finlande et la Suède ne formaient qu'un seul pays. Il y a un nombre important de Suédois en Finlande, et les Finlandais représentent le plus grand groupe minoritaire en Suède grâce à l'immigration des années d'après-guerre en Finlande.

La Finlande et la Suède sont comme Donald Duck et son cousin Gontran Bonheur, un canard paresseux qui ne rate jamais une occasion de perturber Donald. Cette dernière comparaison est particulièrement amusante quand on sait que la bande dessinée *Donald Duck* est la publication hebdomadaire la plus tirée en Finlande, et que les Finlandais s'identifient fortement à Donald. La Suède, c'est le grand frère. « Individuellement, je ne connais aucun Suédois désagréable, mais en tant qu'équipe, on veut toujours les battre, déclare Selanne. Ils sont comme des grands frères, et tu veux toujours être meilleur que ton grand frère. »

Comme le hockey est le plus important sport de ces deux pays – un sport dans lequel les deux rivalisent au sein de l'élite mondiale – il sert à canaliser tous ces sentiments.

La Finlande a affronté la Suède pour la première fois en 1928, s'inclinant 8 à 1. La Suède a remporté le Championnat du monde en 1953, en 1957, en 1962 et en 1987, avant même que la Finlande ne gagne une seule médaille. Les Finlandais ont mis la main sur la médaille d'argent aux Jeux olympiques de Calgary (la Suède a terminé avec le bronze), mais les Suédois ont de nouveau décroché l'or au Championnat du monde, cette fois en 1991, un an avant que les Finlandais ne gagnent leur première médaille à cette compétition, l'argent.

Aux Mondiaux de 1986, la Finlande menait 4 à 2 contre la Suède avec 40 secondes à écouler, mais Anders Carlsson est parvenu in extremis à marquer deux buts et à créer l'égalité. Ce point a permis à la Suède d'atteindre la ronde des médailles, où elle a pris le deuxième rang. Les Finlandais ont terminé quatrièmes. En 1991, avec 52 secondes à jouer, les Finlandais étaient encore en avance 4 à 2 contre les Suédois. Mats Sundin a réduit l'écart à un seul but et, 15 secondes plus tard, il a éga-

> «Les Suédois aiment battre les Finlandais parce qu'on sait qu'ils explosent de joie quand ils parviennent à nous vaincre.» – Mattias Ek

lisé la marque. La Suède a remporté le Championnat du monde, tandis que la Finlande s'est contentée de la cinquième position. Les «Trois couronnes» suédoises, entre 1970 et 1979, ont mis la main sur neuf médailles durant les championnats du monde, trois d'argent et six de bronze. Voici la fiche de la Finlande durant cette période: 4e, 4e, 4e, 4e, 4e, 4e, 5e, 5e, 7e et 5e.

En 1987, la Finlande a subi un revers contre l'Allemagne de l'Ouest, mais il a été démontré par la suite que les Allemands avaient utilisé un joueur d'origine polonaise non admissible, qui avait déjà représenté la Pologne dans un tournoi de la Fédération internationale de hockey sur glace (FIHG). Le résultat final a été renversé, et les Finlandais ont remporté la victoire. La Suède a toutefois porté le jugement devant un tribunal civil à Vienne et a gagné sa cause. La FIHG a dû infirmer sa décision, et la Finlande est redevenue perdante du match. Elle s'est retrouvée en ronde de relégation, tandis que la Suède a bataillé pour une médaille. Finalement, les Suédois se sont sauvés avec l'or.

Au Championnat du monde de 2003 à Helsinki, en Finlande, l'équipe hôtesse menait 5 à 1 contre la Suède en quart de finale. Bref, les Suédois, avec Sundin, l'ont emporté 6 à 5.

Bien sûr, la Finlande a connu quelques bons moments, mais rien de comparable aux succès de la Suède. En 1992, les Finlandais ont gagné leur première médaille au Championnat du monde, l'argent. Leur seule défaite : 5 à 2 contre la Suède en finale. Aux Jeux olympiques de Turin, en 2006, la Finlande a aussi subi un seul revers : 4 à 3 en finale contre la Suède. On comprend facilement pourquoi les Finlandais s'identifient à ce point au malchanceux Donald Duck. Pour ajouter l'insulte à l'injure, les Suédois semblent se ficher du fait qu'ils dominent autant les Finlandais.

« Les Suédois aiment battre les Finlandais parce qu'on sait qu'ils explosent de joie quand ils parviennent à nous vaincre dans les tournois majeurs, explique Mattias Ek, journaliste pour le journal suédois *Expressen*. Personnellement, j'adore quand la Suède défait le Canada. C'est tout un défi ! » Lors du tirage d'un récent championnat de soccer européen, la Finlande et la Suède se sont retrouvées dans le même groupe. Les manchettes des médias finlandais disaient : « Ce sera la Suède. » Du côté suédois, on proclamait : « Prochain défi : la Hollande. »

La défaite ne dérange pas les Finlandais, tant que les Suédois ne gagnent pas. Quand la Suède est éliminée, les médias suédois se rangent toujours derrière l'équipe finlandaise – comme lors des Jeux olympiques de Vancouver.

Bien sûr, la Finlande a aussi quelques réussites à son palmarès. En 1998, durant les Olympiques à Nagano, elle a battu la Suède en quart de finale. Trois ans plus tôt, en 1995, les Finlandais avaient vaincu les Suédois en finale du Championnat du monde à Stockholm. La Finlande était en liesse. Des avions de combat ont escorté l'équipe championne à la maison, où plus de 100 000 personnes s'étaient rassemblées au centre-ville d'Helsinki pour un défilé. Pour une génération de Finlandais, le rêve devenait enfin réalité. Cela remonte à 15 ans déjà et une nouvelle génération commence à entretenir le même rêve. Un cauchemar.

LES PARTISANS DES CAPITALS SERGEÏ GONCHAR

CONTRE

La rivalité entre Sergeï Gonchar et les partisans des Capitals sort de l'ordinaire. Durant son passage à Washington, il a toujours agi correctement. Pourtant, depuis son départ, chaque fois qu'il saisit la rondelle au Verizon Center, les amateurs le tournent en ridicule.

Membre très important de l'édition championne des Penguins de Pittsburgh en 2009, Gonchar n'est pas hué par ses anciens partisans. Ils lui réservent plutôt le spécial « whooop! », qui avait été le lot, pour la toute première fois, de l'ancien défenseur des Capitals, Larry Murphy.

Le Temple de la renommée a ouvert ses portes à Murphy pour ses habiletés offensives, et non pas pour la qualité de son jeu défensif. Quand il a quitté l'équipe pour se joindre aux Penguins, les rivaux détestés, les partisans des Capitals ont voulu se venger en lui rappelant certaines de ses lacunes défensives. « Quand je suis arrivé à Pittsburgh, la situation a commencé à prendre des proportions démesurées, se remémore Murphy. Je me rappelle quand je suis retourné jouer pour la première fois à Washington; dès que j'ai touché à la rondelle, les partisans ont lancé un "whooop!". À mon retour au banc, mes coéquipiers m'ont regardé, l'air de se demander : "Mais qu'est-ce que c'était?" »

Depuis qu'il a quitté Washington, Sergeï Gonchar est victime des railleries des partisans des Capitals.

Mike Rucki, partisan de longue date des Capitals et blogueur pour *On Frozen Blog*, possède quelques explications : « C'était une façon de dire : "Oups ! Tu vas faire une gaffe." Ce traitement est réservé aux anciens joueurs des Capitals qui ont éprouvé quelques problèmes avec l'équipe. Jaromir Jagr en a été victime quand il est revenu jouer à Washington dans l'uniforme des Rangers de New York, tout comme Brendan Witt. » Et les règles sont bien établies, à Washington. « On ne peut pas "whooper" Sidney Crosby parce qu'il n'a jamais joué ici », indique Rucki. De plus, même si l'excellent Peter Bondra est revenu à Washington dans l'uniforme des Sénateurs d'Ottawa, des Thrashers d'Atlanta et des Blackhawks de Chicago, il n'en a pas souffert puisque les partisans lui vouaient une très grande estime. Même chose pour l'infatigable Brian Pothier, échangé à la date limite des transactions en 2010.

> Gonchar a déjà déclaré aux médias qu'il considérait comme un honneur le fait qu'on lui accorde autant d'importance à Washington.

Pour en revenir à Sergeï Gonchar, il n'a pas toujours été le quart-arrière qu'on connaît. Il est entre autres pris à partie par les partisans en raison de la gaffe qu'il a commise en 2001, lors de la première ronde éliminatoire entre Pittsburgh et Washington. Les Penguins mènent alors la série 3 à 2 et la sixième partie se transporte en prolongation. À sa ligne bleue, Gonchar cafouille avec la rondelle. Martin Straka s'en empare, se présente seul devant le gardien et inscrit le but gagnant. « Sur ce jeu, Gonchar a semblé trébucher sur sa propre ligne bleue », se rappelle Rucki. En raison de cette gaffe, et du fait qu'il s'est joint à ces mêmes Penguins en 2005, Gonchar a collectionné les « whoops » chaque fois qu'il a pris possession de la rondelle au Verizon Center. « Ça n'arrête pas jusqu'à ce qu'il n'y touche plus, mentionne Rucki. Les partisans sont très assidus ! » Reste à savoir s'ils vont garder la même animosité maintenant qu'il est dans l'uniforme des Sénateurs…

Selon Rucki, les victimes de ce traitement savent bien que les « whooops ! » leur sont adressés puisqu'ils ne surviennent qu'au moment où ils touchent à la rondelle. Dans le passé, Gonchar a déclaré aux médias qu'il considérait comme un honneur le fait qu'on lui accorde autant d'importance à Washington, même si c'est à des fins satiriques. Après tout, Murphy est membre du Temple de la renommée et Gonchar porte une bague de la Coupe Stanley en plus d'avoir amassé plus de 800 points jusqu'ici dans sa carrière. Une douce revanche, n'est-ce pas ?

SEAN AVERY
LA LNH

Certains observateurs pensent que Sean Avery et la LNH sont en guerre depuis le premier match du fougueux ailier gauche dans le grand circuit en 2001. En fait, c'est mal connaître Avery et sa nature combative, car il serait plus juste d'affirmer que ce dernier est en conflit contre l'ensemble du monde du hockey depuis les tout débuts de sa carrière, comme l'illustre un épisode de la vie de la « petite peste » avant son arrivée dans la LNH.

La scène s'est déroulée lors du match des étoiles de la ligue junior de l'Ontario de 1998. Matt Cooke, lui-même assez peu réputé pour son jeu loyal, a asséné un vicieux double-échec par-derrière à Avery le long de la bande, l'expédiant à l'hôpital. Le lendemain, Al, le père d'Avery, déclara à *Sun Media* que Cooke avait « presque tué » son fils. Pourtant, personne n'a versé une larme sur le sort du hockeyeur et nul n'a réclamé une punition exemplaire contre Cooke pour son geste.

Même lorsqu'il sourit, Sean Avery arrive à enrager ses adversaires.

Pensez-y un instant : un joueur en a physiquement attaqué un autre lors d'un match d'étoiles, probablement le premier incident du genre lors de ce type de rencontre, traditionnellement sans contacts. Le fait que l'affaire soit passée sous silence en dit long sur le ressentiment des amateurs à l'égard d'Avery.

> « Il ne respecte ni le jeu, ni les gens qui gravitent dans le monde du hockey. » - Ken Holland

Le fait qu'Avery ait eu tant d'accrochages avec ses coéquipiers, ses entraîneurs et ses adversaires explique peut-être pourquoi il n'a pas été repêché après son stage au hockey junior. Il a dû s'imposer aux équipes de la LNH. Les Red Wings de Detroit furent les premiers à lui accorder un essai. Il a signé un contrat à titre d'agent libre en 1999, jouant 75 parties étalées sur les deux saisons suivantes (2001-2003). Il fut ensuite échangé aux Kings de Los Angeles en retour de Mathieu Schneider. Cinq ans plus tard, le DG des Wings, Ken Holland, justifia ainsi la transaction sur le site NHL.com : « Il ne respectait ni le jeu, ni les gens qui gravitent dans le monde du hockey. Avec l'explosion de l'Internet et l'évolution des mentalités, surtout depuis le début des années 1990, tous recherchent à projeter une image positive et évitent la publicité négative. »

L'image d'Avery était déjà fortement entachée à son arrivée à Los Angeles, et son caractère belliqueux est devenu sa marque de commerce. Il domina la ligue pour le nombre de minutes de pénalité (261) en 2003-04 et, lors du lock-out de 2004-05, il accusa l'Association des joueurs de la LNH de mentir à ses membres. Il fut de nouveau le joueur le plus pénalisé de la LNH en 2005-06 et sema encore la controverse en tenant des propos racistes.

Tout d'abord, Jeremy Roenick, attaquant des Kings, fut victime d'une commotion cérébrale à la suite d'une mise en échec douteuse de Denis Gauthier, défenseur francophone des Coyotes de Phoenix. Avery déclara aux reporters après le match : « C'était un coup typique des joueurs francophones de la ligue qui portent une visière. Ils distribuent les coups salauds, mais sont incapables de faire face à leurs adversaires comme des hommes. » Il s'excusa par la suite de ses propos, mais le dur à cuire d'origine haïtienne des Oilers, Georges Laraque, révéla également qu'Avery l'avait traité de singe durant une partie, ce que ce dernier a nié. Enfin, après avoir été le premier joueur à écoper d'une amende de 1000 $ pour avoir volontairement « plongé » à la suite d'une mise en échec (il s'agissait d'une nouvelle règle), il critiqua sévèrement Colin Campbell, le préfet de discipline de la LNH, et reçut aussitôt une seconde amende de 1000 $.

La même année, il s'en prit à Brian Hayward, ancien gardien de la LNH devenu commentateur télé pour les Ducks d'Anaheim ; il n'avait pas apprécié les commentaires d'Hayward lors du reportage d'un match entre les Kings et les Ducks et l'invita à se battre dans le vestiaire des Kings en le traitant de « commentateur et de joueur merdique ». Hayward se fit de nombreux amis en lui répondant : « Comment pourrais-tu le savoir ? Quand je jouais, tu rdoublais ta sixième année pour la troisième fois. »

En dépit de sa production de 15 buts et 24 aides pour un total de 39 points, sa meilleure production en carrière, la direction des Kings lui imposa une suspension pour ses altercations répétées avec ses coéquipiers et entraîneurs lors des séances d'entraînement, avant de l'échanger aux Rangers de New York en février 2007. Il aida ces derniers à se qualifier pour les séries éliminatoires dans la dernière étape de la saison, mais les dirigeants, lors de l'audience en arbitrage le printemps suivant, déclarèrent qu'Avery était un « joueur immature » et une « nuisance pour l'équipe ». Cela n'empêcha pas Avery de revenir et d'enregistrer 15 buts la saison suivante, en dépit de plusieurs matchs ratés en raison d'une fracture au poignet.

> Les dirigeants des Kings déclarèrent qu'Avery était un « joueur immature » et une « nuisance pour l'équipe ».

C'est au cours de la première ronde des séries de 2008 que le controversé hockeyeur eut de nouveaux démêlés avec les autorités de la ligue, les forçant à adopter en catastrophe ce qu'on appela ensuite « la clause Sean Avery ». Lors du troisième match contre les Devils, Avery, dans le but de déconcentrer Martin Brodeur, se planta en face de lui devant le but en agitant son bâton devant ses yeux, une tactique aussi disgracieuse que déloyale jamais utilisée auparavant.

Le soir même, la ligue statua que, désormais, ce genre de comportement serait automatiquement pénalisé pour conduite antisportive. Mais l'irascible joueur n'en avait pas fini avec Brodeur ; lors de la traditionnelle poignée de main au centre de la patinoire après l'élimination des Devils, le gardien ignora volontairement Avery qui déclara ensuite aux journalistes dans le vestiaire : «Gras Double a refusé de me serrer la main.»

Avery se retrouva sur le marché des agents libres le printemps suivant, acceptant un contrat de quatre ans pour 15,5 M$ des Stars de Dallas. Sans surprise, il ne fallut pas longtemps pour qu'il fasse de nouveau parler de lui. En novembre 2008, la Ligue mena une enquête à propos d'un incident survenu lors d'un match disputé à Boston au cours duquel il s'en serait pris verbalement à un partisan des Bruins. Il ne fut pas suspendu, mais à peine un mois plus tard, il se mit de nouveau un pied dans la bouche à Calgary avant une rencontre contre les Flames. Il approcha d'un groupe de journalistes et se mit à tenir des propos désobligeants à l'endroit de la comédienne Elisha Cuthbert, petite amie du défenseur des Flames, Dion Phaneuf. Sur un ton méprisant, il a déclaré : «J'aimerais souligner à quel point c'est devenu une mode pour les joueurs de la ligue de tomber amoureux des filles que j'ai laissé tomber. Je me demande ce que cela peut vouloir dire.»

C'était la goutte qui a fait déborder le vase et la ligue a immédiatement suspendu Avery pour son comportement «inacceptable et asocial». La suspension de six matchs fut assortie à l'obligation de suivre une thérapie de maîtrise de la colère, une première dans l'histoire du circuit.

Cela ne suffit cependant pas à ses coéquipiers qui firent savoir à la direction du club qu'ils ne voulaient plus le revoir dans le vestiaire de l'équipe; Brett Hull et Les Jackson, codirecteurs généraux, soumirent Avery au ballotage à deux reprises avant de voir les Rangers le réclamer en mars 2009.

Crédits photographiques

Al Bello/Getty Images 132

Brian Bahr 45

Bruce Bennett/Getty Images 6, 11, 25, 32, 35, 75, 76, 79, 95, 109, 117, 137

Craig Melvin/Allsport 55

Dave Sandford/Getty Images 50, 68

Denis Brodeur/NHLI via Getty Images 16, 20, 22, 70, 88, 113

Gerry Thomas/NHLI via Getty Images 101

Glenn Cratty/Allsport 129

Graig Abel/NHLI via Getty Images 4, 72, 84, 143

Gregory Shamus/NHLI via Getty Images 92

Harry How/Getty Images 120

Jamie Squire 44

Jana Chytilova/NHLI via Getty Images 111

Jeff Vinnick/Getty Images 125

Jim McIsaac/Getty Images 8, 105

John Giamundo/Getty Images 97

Jonathan Kozub, Manitoba Moose 81

Mitchell Layton/NHLI via Getty Images 135

Monica Morgan/Getty Images 123

Rick Stewart 42

Staff/AFP/Getty Images 64

Steve Babineau/NHLI via Getty Images 13, 61

Index des rivalités

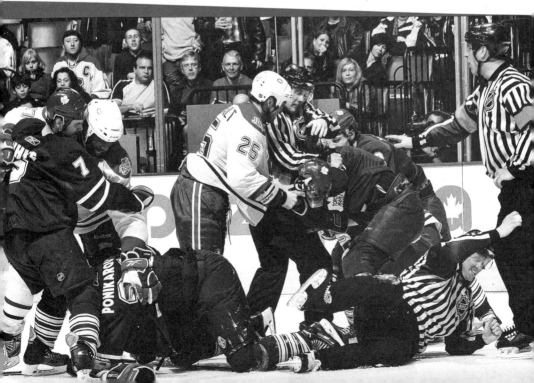

Remerciements

Ce livre a été réalisé par une équipe déterminée qui s'est démenée dans l'adversité pour en sortir gagnante, à l'image de beaucoup des histoires que vous pourrez lire dans les pages qui suivent.

Le rédacteur en chef de *The Hockey News*, Jason Kay, a lancé le projet, alors que Ryan Kennedy, rédacteur adjoint, a rassemblé le matériel.

Un gros merci à toute l'équipe de THN, incluant les stagiaires, les collaborateurs et les pigistes, qui ont fait de ce livre une réalité.

L'équipe de THN : Jason Kay, Brian Costello, Edward Fraser, Ryan Kennedy, Ryan Dixon, John Grigg, Ken Campbell, Adam Proteau, Rory Boylen, Jamie Hodgson, Erika Vanderveer et Ted Cooper.

Les collaborateurs et pigistes pour THN : Denis Gibbons, Mike Loftus, Luke Decock, Rob Tychkowski, Adrian Dater, Phil Janack, Tim Campbell, Bob Duff, Murray Pam, Joe Starkey, Mike Zeisberger, Neil Hodge, Mike Heika, Risto Pakarinen, Michael Traikos et Wayne Fish.

Stagiaires : Hilary Hagerman, Nikki Cook, Nick Spector, Ronnie Shuker, Kevin Hall, Cory Johnson, Dustin Pollack, Kyle Palantzas, Brandon Macdonald, Ryan Williams et Matthew Krebs.

Et la direction : l'éditrice de THN, Caroline Andrews, et le directeur général des Éditions Transcontinental, Jean Paré.